中华先锋人物
故事汇

张秉贵

"一抓准"和"一口清"

ZHANG BINGGUI
YI ZHUA ZHUN HE YI KOU QING

葛竞 著

图书在版编目（CIP）数据

张秉贵："一抓准"和"一口清"/葛竞著. —南宁：接力出版社；北京：党建读物出版社，2021.6
（中华人物故事汇. 中华先锋人物故事汇）
ISBN 978-7-5448-7207-2

Ⅰ.①张… Ⅱ.①葛… Ⅲ.①传记小说－中国－当代 Ⅳ.①I247.5

中国版本图书馆CIP数据核字(2021)第096129号

张秉贵——"一抓准"和"一口清"
葛 竞 著

责任编辑：	袁怡黄	刘海湘		
责任校对：	王 静	杨少坤		
装帧设计：	严 冬	许继云	美术编辑：	高春雷

出版发行：党建读物出版社　接力出版社
地　　址：北京市西城区西长安街80号东楼（邮编：100815）
　　　　　广西南宁市园湖南路9号（邮编：530022）
网　　址：http://www.djcb71.com　http://www.jielibj.com
电　　话：010-65547970/7621
经　　销：新华书店
印　　刷：河北鹏润印刷有限公司
2021年6月第1版　2021年11月第2次印刷
787毫米×1092毫米　32开本　4.25印张　55千字
印数：10 001—20 000册　定价：22.00元

本社版图书如有印装错误，我社负责调换（电话：010-65547970/7621）

目 录

写给小读者的话·······1

燕京第九景·······1

巧手养成记·······15

狂风暴雨那一夜·······27

难以忘却的国庆节·······35

学无止境·······51

神奇的"一抓准"·······63

不可思议的"一口清"·······71

当上了师父·······79

红遍中国的"一团火"······89

无私著书············99

生活中的他············107

火种的传递············121

写给小读者的话

北京市王府井百货大楼的门口，屹立着一座半身塑像。

那是一位慈祥亲切的老者，他衣着整洁，面带微笑，凝视前方。

塑像的基座上，镌刻着老一辈无产阶级革命家陈云同志的题词："一团火"精神光耀神州。

你们知道他是谁吗？你们肯定会疑惑：到底是怎样的一位名人，其塑像能屹立于闹市之中？为什么他的精神会照亮整片神州大地呢？

答案可能会让你觉得惊讶，因为他只是一位普普通通的售货员，有着一份十分平凡的工作。但正因为这个普通人做好了自己平凡的工作，才变得很不平凡。

也许你们会问：售货员怎么才能变得不平凡呢？我们在日常生活中常常能见到很多售货员，他们在百货公司、菜市场、服装店里忙碌着，从事的工作既不像特警那样惊心动魄，又不像影视演员那样光鲜亮丽，到底有什么特别之处呢？

他又有什么秘诀？他在小小的柜台上做出了怎样不平凡的业绩？

他被誉为"燕京第九景"，当时众多顾客慕名而来，就是为了目睹他"一抓准""一口清""接一问二联系三"的高超售货艺术。

他有着"一团火"精神，在百货大楼站柜台三十多年，他接待了四百多万名顾客，没有红过一次脸，没有吵过一次嘴，时时刻刻让顾客如沐春风。

他有着锲而不舍的钻研精神，业余时间努力学习心理学、市场学、哲学、公共关系学知识，并结合自己的服务实践写出了几万字的专著，将宝贵经验无私地分享给读者。

······

我想，这和你们心目中的售货员形象大不一样吧？现在，你们是不是已经对他充满了好奇和崇敬？

他就是人民的售货员——张秉贵。让我们一起走进他的故事，去感受什么才是"一团火"精神！

燕京第九景

你们知道老北京的"燕京八景"指的是哪八处景色吗?

清乾隆十六年(一七五一年),乾隆皇帝将北京的八处景色誉为"燕京八景",它们分别是:太液秋风、琼岛春阴、金台夕照、蓟门烟树、西山晴雪、玉泉趵突、卢沟晓月和居庸叠翠。

这些景色中有秋风,有夕阳,有白雪,有明月,个个都优美绚丽,令人心旷神怡,更重要的是,它们代表了鲜明的北京风貌,让北京人引以为豪。

但出乎意料的是,在新中国成立后不久,竟然因为一个人,出现了"燕京第九景"的称号!

人也能变成景色？

没错！

这第九景与众不同，它并不是真正的景色，而是一个人的工作状态。

当时，许多市民为了看他工作，经常三五成群地约着一起去。有时候看他的人太多，把百货大楼挤得水泄不通，有时甚至把他所在柜台的玻璃都给挤碎了！

大家不妨猜一猜：究竟是什么样的工作场景会让人如此好奇？又是一个什么样的人，会让大家都对他这么热情，这么崇拜呢？

这个"燕京第九景"的地点，位于王府井百货大楼一楼的糖果柜台，而这个"大明星"，其实就是糖果柜台的一名普通售货员——张秉贵。

在一年的新春佳节之际，一位年逾古稀的顾客给他送来了这样一首赞美诗：

首都春浓任君游，柜台送暖遍神州；
燕京八景添一景，秉贵售货领风流。

这首赞美诗道出了无数顾客的共同感受，人们很钦佩他的优质服务和售货技艺，把他当成了心中真正的"大明星"。更重要的是，人们为他自豪，为他骄傲，所以他工作的场景才被人们誉为"燕京第九景"。

清晨，天微微亮，张秉贵就早早地起身洗漱。张秉贵虽然为人俭朴，但平时却十分注重仪容仪表。无论何时何地，他的衣着总是干净整洁，纤尘不染。

因为在张秉贵的心里，他的着装外貌、仪容仪表就是给别人的第一印象，这就像人们都愿意身处美丽整洁的环境中，谁愿意周围总是脏乱差呢？

张秉贵心想：身为服务行业的一分子，第一面一定要让顾客心情舒畅。

二十世纪六七十年代，人们的经济都不宽裕，买不起像样的衬衫，但为了使自己着装规范整齐，张秉贵便买来一种假衬衫领，衬在工作服里，就好似穿了衬衫一样。

这种假领子可以说是那个时代独特的产物，

它是一种可以套在脖子上，只有上半身和领子，却没有衣袖的"超短款"衬衫，这可比一件真正的衬衫便宜多了！对于俭朴而注重仪表的人来说，这实在是一个很巧妙的发明。

张秉贵每天都会坚持刮胡子、换洗衬衣领和擦皮鞋，时间久了，他的同事有点迷惑了。

在他们眼里，男人就应该是大大咧咧、不拘小节的。尤其是那个年代的男人，在忙碌的工作和艰苦的生活条件下，谁还顾得上自己的外表呢？

张秉贵，可是他们见到的第一个这么爱干净、这么讲究外表的男人。

"张秉贵，你作为一个男同志，怎么和女同志一样，这么讲究呀？"一次，同事疑惑地问他。这个疑问中，既有不解，其实也带着一点儿调侃。

"我们站柜台的，当然就得有个干净利落的精神头儿，这样顾客才会高兴地买我们的东西啊！特别是我们卖食品的，如果邋里邋遢，顾客就先倒了胃口，谁还会再买我们的东西呢？"张秉贵回答。

张秉贵对自己的想法非常自信，而且坚定。他在乎的不是别人会怎样去看自己，而是这件事情是不是正确的，自己到底有没有做好。

这一点就很了不起！因为在生活中，大多数人都很容易受身边人的影响，大家怎样做，自己也怎样做。这不仅是从众心理，更是自己的信念不够坚定，没有真正把事情想清楚、想明白的原因。

同事们听了张秉贵的这番话，觉得很有道理，于是，他们也学着张秉贵，逐渐重视起了自己的仪表，一个个大男人都变得讲究起来了！

到了百货大楼，走进糖果柜台的张秉贵就好似战士进入阵地一样，时时刻刻都提着十二分的精神。所有的糖果在那一瞬间都化作了张秉贵的小兵，在他的手里听话地任他"调遣"。

大多数售货员一般早上精神都很饱满，服务态度也非常热情，可站了一上午，每每到了下午，他们疲倦不已，眼皮就会开始打架，变得不太爱说话，也懒得动了，因此对待顾客的态度就会大打折扣。

这一点，小同学们肯定也有体会吧？上午第一节课，精神百倍！下午最后一节课，边听边睡！

但张秉贵却完全不同，之所以形容他像一名战士，是因为他对待工作就像身处战场的士兵，一刻没有离开战场，就一刻不会松懈。

从清晨开门接待第一位顾客，到晚上送走最后一位顾客，他自始至终都春风满面，笑容可掬，就像"一团火"温暖着每一个人。

有一件事，让周围的同事深深体会到了什么叫作"一团火"精神。

那是一个炎热的夏天，透蓝的天空中悬着一个火球般的太阳，街上所有的树木都无精打采，懒洋洋的。百货柜台里的售货员们也是如此，燥热的天气让人疲惫不堪，大家都热得直不起身，歪歪扭扭地靠着。

整个糖果柜台，只有张秉贵一个人在忙碌着。他在给糖果补货，好让柜台上看起来满满当当的。

这时，糖果柜台前走来了一位扛着锄头的农民大哥。他上身穿的是一件满是补丁的衬衫，下身穿的是一条洗得发白的长裤，脚上踏着一双旧草鞋。他那饱经风霜、晒得发黑的脸上，布满了深深的皱纹。

"你们……这糖果怎么卖？"农民大哥小心地问。

张秉贵的同事瞭了一眼这个农民大哥，心想：这样的人也买不了多少东西，于是，同事连身子都没立起，便随口一问："你要称多少钱的？"

只见农民大哥放下扛着的锄头，在自己的口袋里掏了掏，拿出了几枚分币，归拢了一下，凑过来，小声问道："可以称个……一两毛的吗？今天我孩子过生日，想给他买糖果当礼物。"

同事一听，他只要一两毛钱的糖，顿时没了兴趣。虽然过去的物价比现在便宜很多，可一两毛钱实在是太少了，当时也只能买十颗糖。

看着不热情的售货员，农民大哥有些尴尬。他想走，可想想家里孩子等着生日礼物呢，他又站住了。

张秉贵回过头，看到了站在柜台前的农民大哥。

"当然没有问题！"张秉贵笑容满面地走向了农民大哥，"您想称多少钱都是可以的，您家的孩子大概几岁啦？"

"五岁。没想到一年年过得这么快，转眼就五岁了。"农民大哥看见张秉贵这么热情，终于也笑了，他大声回答张秉贵。

"五岁的孩子牙齿长得差不多了，那我给他硬糖软糖都抓点儿。"张秉贵一边说着，一边拿着篮子开始给他抓糖，"糖果味道也丰富点，让孩子都尝尝。"

农民大哥听了开心极了，一个劲儿地说："好，好。"想到带着这些漂亮的糖果回家，孩子一定会露出惊喜的笑容，他的心里踏实下来。

不一会儿，张秉贵就称好了糖果，精心包装，很快就把一个精致结实的糖包递给了农民大哥："这里一共是四种口味，我给配好了的，一共一角七分钱。"

农民大哥接过糖包，开心极了，笑得嘴巴都

合不拢:"太谢谢您了!"

"没关系的,您的满意就是我们的职责。祝您的孩子生日快乐!希望他能平安开心!"张秉贵真诚地祝福道。

"嗯嗯,一定的。"农民大哥拿好了糖包,心里甜极了。他再次扛起锄头,满意地走出了百货大楼。

"他就买这么点儿,你竟然还给他配了四种味道!"同事对张秉贵的所作所为有些吃惊,并且疑惑不解。

"不管买多少,来的都是顾客。我们售货员对待顾客一定要一视同仁,一定得想顾客所想,急顾客所急。"张秉贵告诉同事。

其实想一想,谁都有当顾客的时候。如果你在买东西的时候,遇到一位热情的售货员,你的心情一定会像吃了糖果一样甜;如果遇到一位态度糟糕的售货员,你可能连买东西的心情都没有了。

售货员看上去是个很平凡的工作,却在细节上影响着人们。现在大家都喜欢在网上购物,那些客服人员面对的也是同样的情形，虽然不见面，但他们的话语何尝不在影响着购物者的情绪。

张秉贵之所以会对这个问题理解深刻，那是因为他刚做售货员的时候，也犯过同样的错误。

张秉贵十一岁就到纺织厂当童工，十七岁到一家杂货铺当学徒。他三十六岁时，即将开业的百货大楼招聘售货员，本来已超龄的他因为卖货经验丰富，被破格录用了。他刚到百货大楼上班时，因为从小就给店主打下手，身上还留了一些旧时商人的坏习气，对买得多的顾客照顾得很周到，而对买得少的顾客态度就差。

有一次，一位顾客只想买两块桃酥，张秉贵便没有理睬，而去接待另一位买得多的顾客。

那位被冷落在一旁的顾客非常生气，质问道："你是不是嫌我买得少，嫌弃我啊？"

这一幕恰恰就被组长看见了，他说："你这样做可是不对的，满身的旧时商人习气。"

张秉贵觉得委屈，又很茫然，觉得自己的做法并没有什么问题，于是他苦恼地来到了组长的办公室。他觉得自己只是想多卖出些货，为国家多创造些财富，这有什么不对呢？

组长给张秉贵讲解了旧时商业和现在社会主义商业的区别，告诉他要为每一位顾客好好服务，因为人民群众是最重要的。

张秉贵仔细想了想组长的话，豁然开朗。他明白了，人民才是国家的主人，为国家服务的前提就是为人民服务。

张秉贵回到宿舍，提起笔在笔记本上缓缓地写下了一段话，这段话就是他对这件事情的感悟："我们售货员要胸中有一团火，去温暖每一位顾客的心，不论他是谁。我们要全心全意地为人民服务。无论顾客买多买少，我都要一视同仁。"

从那以后，"为人民服务"这句话便深深扎根在了张秉贵的心里。

随着时间的推移，他的服务态度越来越好，顾客的表扬也就越来越多，还有人专门来看张秉贵售货。

有一位拄着拐杖的老人就经常来。这位老人对张秉贵说："我现在生病了，不得不休息。但是啊，我每天来王府井百货大楼，看看您站柜台的精神头儿，为人民服务的热情劲儿，我的病也仿佛好了许多。"

这就是顾客们来到百货大楼看"燕京第九景"张秉贵的原因，看他天天整洁舒展的仪容仪表，看他容光焕发的状态，令人如沐春风的温暖微笑。更重要的是，他那"为人民服务"的"一团火"精神，能让人感受到无穷的正能量，备受鼓舞！

现在你们一定明白了，张秉贵取得的声望、受到的爱戴，是与他对自身的严格要求分不开的。无论什么事情，他都要从细节做起，从小事做起，这就是我们所有人都应该向他学习的地方。

巧手养成记

二十世纪五六十年代，王府井百货大楼景象一片繁荣。

大楼外霓虹灯高高低低地挂着，灯火辉煌，车水马龙，熙熙攘攘的人群在街上匆匆忙忙地穿梭着。大楼内的货品种类繁多，琳琅满目。

百货大楼一楼人头攒动，许多柜台前都排着像长龙一样的队伍。

你们猜一猜，什么柜台会最受人欢迎呢？

没错！答案是——糖果柜台。是因为糖果甜甜的，人人都爱吃吗？

糖果柜台确实与其他柜台不同，货架上摆满了五颜六色的、各种口味的糖果，包装糖果的糖纸闪闪发亮，灯光一照，就好似闪烁着无数颗小星星。

大家惊奇地发现，排队最长的糖果柜台售货反而是最快的，顾客来来往往，络绎不绝，唯一不变的就是糖果柜台前忙碌的张秉贵的身影。

原来吸引大家的不只有甜甜的糖果，还有那位服务周到的售货员张秉贵。

他有个绝活儿，就像魔术表演一样精彩！只见张秉贵伸出右手，从装糖的展示袋里一把抓起十几颗水果味糖果，放进左手端着的秤盘里，然后麻利地转过身，将秤盘放在秤上。

"齐嘞！刚刚好！"张秉贵对着顾客边笑边说，"我这就给您包装。"

话音未落，张秉贵已弯下腰从柜台下面的格子里抽出了一张糖果包装纸，将纸平铺在柜台上，右手同时端起秤盘，刺溜一下，将盘子里的糖果全部倒在糖果包装纸正中央，然后两只手齐上阵，转眼就折成了一个工工整整的正方体；又从一旁扯来一根绳子，三两下就将折好的正方体绑得非常牢靠，最上面还系了一个好看的结。

做完这一连串的动作,张秉贵仅仅花了不到一分钟。无论是柜员还是顾客,只要看到张秉贵这麻利的身手,都不免打心底里佩服他。

"你打包的速度好快啊,从来没见过像你这样熟练的售货员。"顾客常会对张秉贵赞不绝口。

张秉贵总是微笑着,把包装好的糖果轻轻递给顾客:"这是您的糖果,欢迎您下次光临。"

张秉贵娴熟的包装技术在百货大楼里人人皆知,许多售货员都很好奇他的技术是怎么练成的。员工分享大会上,张秉贵向大家生动讲述了之前发生在他身上的一件事,这也是他的"巧手养成记"。

之前,当张秉贵还在糕点组的时候,他热情的服务态度就已经得到了领导和顾客的表扬,可这并不是他追求的终点。

那天张秉贵正在柜台前忙碌,他突然听见了后面的顾客小声讨论着什么。

"这个售货员,服务态度确实是不错,但是排的队这么长,他这个速度有点慢了,要是再快一点儿就好了。"其中一个顾客小声抱怨道。

"是啊，这样大家也不用排这么长时间了。"另一个顾客也说道。

张秉贵听到了他们的讨论，心想：我已经做得比别人好多了，怎么还有人挑刺呢？

当买糕点的队伍越来越长的时候，张秉贵想要提高速度，却怎么也快不起来。

晚上躺在床上，他怎么也睡不着。他在换位思考：如果自己是一名排在长队中的顾客，会是怎样的心情？王府井百货大楼是当时全中国最大的百货商店，每天来北京的外地人那么多，大家都是怀着期待的心情来到这里的，不能把顾客宝贵的时间浪费在排队上。

张秉贵明白了：顾客批评得对，一个售货员光态度好是远远不够的，还必须得有过硬的技术。

其实这个道理也适用于各行各业。如果只是善于和别人打交道，别人也许一开始会愿意与你合作，但你的实力不行，慢慢地，你的合作者就会跑掉了。

那么，这时的张秉贵该怎么办呢？

"领导，我想要申请集体宿舍！"张秉贵来到了领导的办公室。

领导大吃一惊。"我怎么记得你家离单位不算远啊，要宿舍做什么？难道是最近家庭关系出了问题？"领导关心地问道。

"我和我媳妇关系好得很，但我想让自己有更多的时间练习包装糕点，这样就能缩短顾客们等待的时间了。"

"当然没问题啊，你的上进心值得咱们所有人学习，我现在就批准。"领导得知了张秉贵的想法后非常支持。可他不知道，其实此刻张秉贵还没有回去和妻子商量呢！

张秉贵也不知道该怎么跟妻子开口。他想了想，在回家的路上给妻子买了一个头花。

"今天什么日子呀，还给我买了头花？"妻子拿着头花很欣喜，又有些疑惑。

"我……我可能以后要住单位宿舍了。"

妻子很失望："啊？住宿舍？你为了工作，自己的家都不要了吗？"

张秉贵理解妻子的心情，连忙解释道："百

货大楼的售货员现在都是二十几岁的年轻人，我岁数这么大，顾客的要求又比较高，每天人来人往，我现在技术水平还需要提升，还有好多事情都做得不好。"

"做得不好，就慢慢来，哪有一口吃成大胖子的？"妻子有些委屈。

"我要是出了什么差错，影响的不仅仅是我这个人，影响的更是咱们的糕点柜台、咱们王府井百货大楼的形象。现在呀，我恨不得一天当两天用，每天工作八小时，再训练八小时，这样也许才能跟得上年轻人的速度。"说完，张秉贵握住了妻子的手，看着她的眼睛，恳切地说，"你肯定也能够理解我，对吧？"

妻子握紧了手中的头花，不情愿地点了点头，勉强答应了。想当初，她之所以看上张秉贵这个穷小伙，也是因为他认真踏实，做事"一根筋"，不做到最好绝不罢休。从那以后，张秉贵便一心扑在工作上，心中的"一团火"开始越烧越旺。

张秉贵"巧手养成记"，起源于顾客们的小抱怨，养成的过程却充满了汗水与艰辛，还发生了很多有趣的小故事!

每天一下班,张秉贵便把宿舍当作自己的练兵场。他在自己的笔记本上写了这样一句话:"提高售货速度,苦练基本功,力争卖得更快、更多些。"

起初,张秉贵自费买来了一斤最硬的点心,利用废旧的包装纸练习包装和捆扎。他认真研究怎么折包装纸,用什么结打包才能最快。可是再硬的点心也禁不住张秉贵无数次翻来覆去地包装,仅仅三天,点心就被包碎了。

"三天就练碎了这么多点心,这样的花销实在是太大了,我得节省点。"张秉贵看着包装纸里碎掉的点心,有些心疼。

"有了!"张秉贵突然想到了一个点子。他找来了许多瓦片和木块,然后锯成了点心般的大小,以此来充当点心进行练习。这样改进以后,张秉贵经常一练就入了神,持续到深夜十一二点。没日没夜地练习,张秉贵手中的木块竟然被练得没了棱角,变得圆润起来。

路过的舍友不太理解张秉贵的行为,时不时

会看着正在努力练习的张秉贵说风凉话："哟，你这该不是要去参加杂技表演吧！"

张秉贵并不在意其他人所说的话，一心只想着提高自己的技术水平。为了不影响同事休息，晚上，张秉贵就会带上练习要用的东西来到院子里。

宿舍传达室的后面有一个大磨盘，街对面的路灯发出昏黄的光，斑驳地照在磨盘上。张秉贵来到院子里，把大磨盘当作柜台，瓦片和小木块当作糕点，借着微弱的灯光，一丝不苟地练起功来。

也许这个场景在别人看来有些好笑，一个大男人天天在那儿摆弄着玩具糕点，就像在玩过家家的游戏。但这样的游戏背后，却蕴含着张秉贵为顾客着想的苦心和不断精进技艺的决心。

如果当时从王府井百货大楼的楼顶，望向旁边的小院子，你们一准儿会看见院子大磨盘边立着张秉贵挺拔的身影。他正双手灵巧地摆弄着包装纸和木块，时而回头模仿拿糕点，时而拿起绳子打上一个漂亮的结，包装纸和木块在他手中仿佛有了生命。灯光下的张秉贵像是一个音乐指挥家，大磨盘就是他的舞台，配合着他手部灵活的动作；木块与木块之间的碰撞，包装纸之间的摩擦就是一段奇妙的旋律。炎热的夏天里，蚊子叮也叮不走他；寒冷的冬天里，天气冷也冻不跑他，训练到夜深人静便是张秉贵的常态。

他凭借自己顽强的毅力和不懈的坚持，终于练就了一双巧手，使自己的售货和包装速度明显提高。顾客等待的时间变短了，抱怨也越来越少，越来越多的人夸赞张秉贵业务能力强，包糕点的手法达到了炉火纯青的地步。

这就像功夫高手一般，千锤百炼，日夜不休，终会让自己的境界更上一层楼。

一次，快要下班关店了，商品部的同事来到张秉贵的面前，一本正经地说道："快帮我装个点心匣子，我那边等着急用。"

一听是急用，张秉贵立马行动起来，三下五除二就捆扎停当了，递给了同事。

同事一边接过点心匣子，一边哈哈大笑起来："你就把这个当作是一次柜考吧，我帮你计时了。

以前你装一个点心匣子至少需要三分钟，但是现在竟然不到一分钟了。"

周围的人见此，都觉得这位同事太过分了，替张秉贵抱不平："哪有这样子开玩笑的？！"

可是面对这样近乎恶作剧似的玩笑，张秉贵却平和地笑道："没事！他这是关心我，应该感谢他。"

个别人的不理解，甚至是冷嘲热讽和恶作剧，张秉贵从来都不去理会，始终坚持自己的信念，努力训练自己。

功夫不负有心人，他的工作效率得到了飞速提升。刚进商场短短几个月，他的售货速度就提高了三倍。

慢慢地，那些讥笑和讽刺他的人开始佩服他了，那些认为没有必要练习售货基本功的人也开始了训练。在张秉贵的感染下，整个糕点组的业务能力突飞猛进，多次被评为骨干柜台。

没过多久，因为优质的服务态度和优秀的服务质量，张秉贵从糕点组被调到了更加忙碌的糖果组。换了组的张秉贵依旧每天坚持练习，适应得非常快。

有人看了他出神入化的包装技术后，不由得感叹道："张师傅，你真是天生一双巧手啊！"

只有张秉贵自己知道，哪有什么天生的巧手？无非熟能生巧、持之以恒罢了。这双巧手的养成并不容易，后来再有人问到张秉贵为什么有一双巧手，他都只是笑着说："只要功夫深，铁杵磨成针。"

你们在生活中是不是也会遇到同样的情况呢？看到别人表现得十分优异，就觉得人家是天赋异禀，自己永远也比不上。其实每个人都有无穷的潜力，只要你们愿意付出努力，持之以恒地去练习，你们的身上也会出现令人惊喜的奇迹。

狂风暴雨那一夜

一九五七年五月，微风轻拂大地，暖暖的阳光照耀着北京。

嘟嘟嘟——嘟嘟嘟——随着音乐声响起，王府井百货大楼一年一度的劳动节表彰大会正式开始了！

"我宣布，被评为北京市劳动模范的是——张秉贵同志！"领导刚一宣布完，哗啦哗啦的掌声便像潮水一般涌起，经久不息。

大家都认为张秉贵实至名归，坐在台下的张秉贵却不好意思起来。当众人的目光转向他，他在大家的掌声和欢呼声中慢慢站起来，走向领奖台。看着台下平时一起工作的同事，他显得有些紧张，两只大手竟然像孩子一样不知该怎么安放，只能紧紧地攥住工作服的衣角，他觉得自己还不够优秀，还有很大的进步空间。

张秉贵不同于常人之处在于：他不仅服务态度好，而且十分谦虚，从不以老师傅的姿态自居，待人和善，总是乐于刻苦钻研售货技术。在他的带动下，王府井百货大楼里越来越多的售货员也开始注重自己的业务技术了。

被评为劳模之后，张秉贵对自己的要求更加严格。同时，他也时刻愿意把自己的经验和技术分享给别人。

春去秋来，北京深秋的一个夜晚，天越发冷了，一阵凉风吹来，路上的行人不由自主地裹紧了外套，加快了回家的步伐。

街边，两个人正在慢慢向前走着，那是与张秉贵在同一个柜台的席满林和谢存善。他们刚喝完酒，结伴走在回宿舍的路上。

"咦——难道是我眼花了？磨盘前是不是有人？"席满林摇摇晃晃地指着不远处的磨盘问道。

"让我看看啊——"谢存善揉了揉眼睛,"那不是张秉贵嘛!"

"张秉贵?这么冷的天儿,他在那儿干吗呢?"席满林疑惑不解。

一阵寒风呼啸而过,谢存善吸了口气:"哟——这天气是真的冷。"

两个人互相搀扶着走上前去,想看看是怎么回事。

只见张秉贵低着头一丝不苟地练习着包装,丝毫没有注意到他俩的到来。

"你在这儿干吗呢?"席满林大声问道。

张秉贵被吓了一大跳,慌忙收起手中的木头,不好意思地说道:"我……我就是在这儿练习练习业务技术,这不是刚调到糖果组嘛,糖果和糕点包装起来还是有些区别的。"

谢存善注意到张秉贵已经冻红的双手:"天气这么冷,你的双手都冻红了,还是回宿舍练吧。"

张秉贵摇了摇头:"没关系的,多活动一下就暖和啦。在宿舍练会影响到其他人,这样不好。"

谢存善和席满林相互对视了一眼,他俩虽然

中华先锋人物故事汇　张秉贵

微醺，心中却不由得微微一震，都被张秉贵这样的努力所打动。

"带我一个吧，咱们一起熟悉熟悉业务！"席满林打趣地对张秉贵说道。

谢存善也点了点头："哎哎，你们俩怎么能偷偷进步呢？算上我一个！"

张秉贵笑了笑："欢迎，欢迎大家呀！"

于是，从那天起，席满林和谢存善都加入了张秉贵的练习阵营。糖果柜台的分工不同，他们训练的项目也不同，但相同的是，他们都怀着一颗想让自己变得更好的决心。

没过多久，他们便分别在区和北京市举办的业务技术大比武活动中，捧回了一张张鲜红的优胜奖状。

自从张秉贵跨入了先进的行列，他对自己的要求也越来越高，张秉贵渐渐意识到，想要成为真正的先进分子，应该加入党组织！

后来发生的一件事情，使张秉贵向党组织靠拢的决心更加强烈了。

那是七月的一天，傍晚的时候，天便黑沉沉

的，就好似老天爷打翻了一瓶墨汁。天空中的乌云越来越暗，也越来越低。刚下班回到宿舍的张秉贵心想：要下大雨了，今天可能没有办法再到宿舍后面去练习了。

突然，轰隆隆的雷声响了起来。紧接着，一道刺眼的闪电划破了天空。不一会儿，黄豆大的雨点从天而降，打在地上噼里啪啦直响。天上刚才还是乌云密布，转眼间雷电交加，暴雨如注。即便是坐在宿舍里，都能感受到暴雨的那种撼天动地的气势。

窗外电闪雷鸣，大树被狂风吹得东倒西歪，摇摇欲坠。张秉贵摇了摇头，小声地念叨："唉，这么大的雨，真不知道又有多少地方会受灾了。"

令张秉贵没想到的是，王府井百货大楼的仓库便是"受灾者"之一。

暴风雨光临后，北京的街道上全是水，整条路就像是一条流淌的河，水流奔涌，还翻腾着小小的浪花。由于王府井百货大楼的仓库设在地下室里，地势低，雨又下得急，下水道来不及排走这么多的水，雨水便使劲往仓库里灌。

"紧急情况！仓库灌水了，我们要赶紧抢救货物！"值班同志发现情况危急后，立马给领导打了电话。

没过一会儿，仓库里就陆陆续续地来了许多同志。他们没有任何怨言地投入到了抢险第一线，货物一点点被抢救了出来。

张秉贵听见宿舍外传来隐隐约约的人声，便打开了房门。

"发生了什么事吗？"张秉贵疑惑地问道。

同事连忙告诉张秉贵："你还不知道吗？因为这大暴雨，仓库灌水了。"

"什么？"张秉贵意识到了事情的严重性，"怎么没人通知我啊！"他一边说着，一边跑出了宿舍，没顾上打伞就朝着百货大楼跑去。

当张秉贵赶到百货大楼时，他发现货物全都被其他同志抢救了出来。他非常纳闷，也很不解，自言自语道："我也在宿舍，怎么就没人招呼我一声呢？"

"人家通知的是党员。"同事说。

狂风暴雨的那一夜对张秉贵触动很大，他想

要更好地为集体做贡献，想要与同志们团结得更紧密，从那次以后，他便开始留意身边党员的一举一动。

"今天需要加班盘点库存，请党员同志们留下来。"领导宣布道。

张秉贵积极地举起了右手："领导，我也可以留下帮助大伙儿盘点库存。"

只见领导微笑地拒绝了："不用了，你就回去吧，明天还要上早班呢！"没办法，张秉贵只好失落地回到宿舍。

经过一段时间的观察，他发现平时只要是加班加点的苦差事，总是党员先上。周围党员们的所作所为对张秉贵的影响颇大，他下定决心：要以党员为榜样，积极靠拢党组织。

"为人民服务"是党的宗旨，也成为张秉贵为人处世的宗旨。

一番深思熟虑之后，张秉贵写了好几个夜晚，终于在一九五八年郑重地向党组织递交了自己的入党申请书。

从那以后，张秉贵进步的步伐迈得更快了。

难以忘却的国庆节

一九五八年三月四日,张秉贵的入党申请终于被支部大会讨论通过,随后在党委获得了批准。

也就是从那时起,张秉贵终于成为一名光荣的中共预备党员。

这天晚上,张秉贵好不容易回了趟家,急忙把这件喜事告诉妻子。

妻子打心底里为他高兴,烧了一桌子好吃的菜。

"好一阵子没回家了,来,多吃点肉。"妻子热情地夹了一大块红烧肉,放进了张秉贵的碗里。

张秉贵愧疚地对妻子说："这段日子你一个人还好吗？等一切都走上了正轨，就能天天回家了。"

妻子听后，眼里泛起了点点泪光，她的心里五味杂陈。但妻子理解张秉贵，什么怨言都没有说。

"因为评上了北京市的劳动模范，今年国庆节的时候，我会作为模范代表，登上天安门前的红色观礼台，说不定还能见到毛主席！"张秉贵又把这个好消息说给妻子听。

"你的努力能被大家认可，得到这样的荣誉，真是太好了！"妻子非常高兴，不由自主地鼓起掌来。她眼里闪着泪花，开心得像个孩子。

张秉贵开心地站起身，抱了抱妻子。

晚上，张秉贵拿出了他的笔记本，在本子上写了这样的誓言："永远向前，做一个名副其实的先进分子。"

一九五八年十月一日国庆节这天，毛泽东主席等党和国家领导人以及应邀来访的外国首脑在天安门城楼检阅了人民解放军受阅部队。天安门前的观礼台上人山人海，站满了前来观礼的人。

你们一定在电视上看到过这样的情景，也一定在好奇：什么样的人才有资格登上观礼台呢？

他们当中，有应邀来我国访问的七十多个国家和地区的外宾，各国驻华使节和外交官员，帮助我国建设的外国专家，我国工农业劳动模范，中央和北京市机关团体的负责人，中国人民解放军、中国人民志愿军，归国华侨和少数民族代表。

而张秉贵很幸运地成为其中一员。

历时五十分钟，张秉贵和大家一同见证了有六十余万人参加的国庆典礼。站在天安门前红色观礼台上的他，真正见识到了新中国成立后的繁荣昌盛。

站在观礼台上，看着穿梭而过的战机，一排排的坦克、汽车，整齐的士兵方阵，张秉贵的眼泪终于流了下来，新中国真正地使劳苦大众站起来了。他思绪万千，不由得回想起祖国还没有解放时的艰难日子。

严冬时分，雪花纷纷扬扬地从天空中飘落下来，凛冽的寒风一阵阵吹过，北京大街上的行人个个都缩着脖子，拉紧了领口。空气寒冷而干燥。

这天，京城南郊东铁营村的一户人家迎来了自己的第四个儿子。父母希望孩子能摆脱贫苦的命运，所以给他取名为张秉贵。

但是张秉贵一家并没有因为他的出生而变得富裕，相反，对本就贫寒困苦的家庭来说，多一个孩子无疑会使家境雪上加霜。十一岁的张秉贵上过两次学，也辍学了两次，迫于生计，他只好到不同的工厂里去当学徒。

张秉贵十七岁那年，又需要重新找活干，但想着自己都已经这么大了，不好意思回家，就去找大哥帮忙。

"你想要做什么？"大哥比张秉贵多在社会上历练了好些年，积攒了不少人脉，结交的朋友也很多。

"我……我就是想找个'买卖地'。我已经长大了，踏实点，免得老失业，还得到处求人找工作。"张秉贵对大哥说。

大哥思考了好一会儿,想到了一个做买卖的老朋友。于是没过多久,年仅十七岁的张秉贵就来到了东单米市大街,在一家名为"德昌厚"的商店做起了学徒。就是从那天起,他开始了忍气吞声的店员生活。

德昌厚的掌柜名叫于子寿,他在老北京城也算得上是有头有脸的人物,买卖做得不小。打前清时起,于子寿就开始做些小买卖,最开始起家做的是些零碎活,缝补生意,后来沿街开了间小绒线铺子。没承想,他竟然靠这间小铺子发了家,生意越做越好,铺子也越开越大,最后在东单米市大街打响了"德昌厚"这一金字招牌。

买卖做大后,于子寿把先前的绒线铺变成杂货铺,日用百货、五金用品、红白喜事用品,甚至是外国人用的稀缺货都能在这儿找到。

张秉贵仍然记得第一次走进德昌厚的情景:从总布胡同转弯上了米市大街,一眼就能瞅见书有"德昌厚"三个字的店旗在飘荡。走近正门口,头顶上是黑漆烫金的牌匾,大门足有四扇,门外两边摆满了琳琅满目的百货、小孩玩的各式新鲜玩具、女人用的化妆品、老人用的拐杖等，还有鸟笼、蛐蛐罐这些小玩意儿，可真是个让人大开眼界的地方！

不过，对于张秉贵而言，这里不但不好玩，而且很残酷。他来到德昌厚时，于掌柜已经有二十多个小伙计。在旧时代，掌柜的管理靠的不是威信，而是要让小伙计们害怕他，那些苛刻严厉的规矩不像是管理员工，倒像是管理奴隶。所以，张秉贵一来，就被店里给了个下马威，他先是要学长长的店铺规矩，凡有违规行为，统统要按店法伺候的。

旧社会当学徒如同卖身，师父领进门，修行在个人，张秉贵从对柜台一无所知慢慢学起，中间吃的苦实在是太多太多了。

单说晚上睡觉这件小事，就让张秉贵吃了不少苦头。

一般人可能会觉得，睡觉是让人轻松的时候，可作为一个大店铺的小伙计，睡觉都是要遵守严格的规定的，一点儿都不能马虎。

德昌厚伙计众多，但是却没有专门的员工宿舍。每天晚上，店铺里就彻底变了样，到处都是临时的床铺，有人睡在地上，有人睡在桌子上，还有人睡在柜台上。

掌柜规定每天晚上准时熄灯，按时睡觉，不能走动，也不能聊天。第二天一大早，天刚蒙蒙亮，大家又得起床收拾店铺，把这里恢复原样，得看着干干净净的。

一开始，店里伙计对张秉贵还挺友好的，大家彼此客客气气。张秉贵想着大家都是伙计，可以彼此照顾，于是真心相待。哪知道，老伙计们一个个欺软怕硬，见张秉贵如此，便盘算着终于可以把在于掌柜那儿受的气撒出去了。

这天早上，张秉贵还睡在地铺上，突然被一个老伙计叫醒。

老伙计对张秉贵没好气地说："几点了，还在睡？大伙儿都起来了，快去把大伙儿的床铺收拾收拾！"

张秉贵初来乍到，想也没想，立马道歉："对不起！对不起！我这就去收拾。"

这下，大家都觉得张秉贵老实，好欺负，索性把一些零碎活都交给他，张秉贵因此受了不少气。

有一天，一个伙计收拾一个上好的瓷碗时，一不小心把碗碰掉了一块瓷。这小伙计吓得不轻，他看了看身后，没人发现，便想着把这碗藏起来。可是转念又一想，这个货柜今天就自己一个人在，晚上掌柜查货，迟早要发现，到时候还得自己倒霉。

于是小伙计心生一计，把张秉贵叫过来，假意说道："张秉贵，你不是一直想学怎么快速点货吗？今天我就教教你。"

张秉贵听小伙计这么一说，非常高兴，终于有人肯教他了。他竖起耳朵，认真听小伙计讲解。小伙计拿起瓷碗一一介绍瓷碗的不同，什么花纹难烧制，什么窑出的瓷贵重。说着说着，他让张秉贵拿起柜子里面的一个瓷碗，那是他刻意摆放在那里的"陷阱"。

张秉贵听得入神，也没多想，伸手便去拿瓷碗。谁知这个瓷碗被小伙计摆放得紧靠货架边缘，啪嚓一声就摔了下来。

声音惊动了所有店员，当然也包括于掌柜。

于掌柜从柜台冲了出来，看着地上的碎瓷碗，再看看愣在原地的张秉贵，气不打一处来，抽起货架边零卖的鸡毛掸子，就对着张秉贵的小腿狠狠打去。一边打还一边没好气地骂："你干的好事，看你拿什么赔。"

张秉贵连忙道歉："于掌柜，对不起！对不起！是我没有拿稳，从我以后的工钱里扣吧，不关小伙计的事。"

小伙计本来躲在柜台后幸灾乐祸，听到张秉贵为自己开脱，脸唰的一下就红了，心里开始不安起来。

于掌柜听到张秉贵解释，更加生气："工钱？你这三年都没工钱，我给你吃，给你住，你还要工钱！你个白眼儿狼！"说完又抽打了几下张秉贵，张秉贵疼得弯下了腰。

于掌柜打累了，愤愤地扔下鸡毛掸子，蹲下身捡起碎瓷片，自言自语地说："多好的家什啊，就被你小子糟蹋了，今天不许吃饭，不许睡觉！

碗的钱咱们另算。"

张秉贵一天没有吃饭，晚上又不许睡觉，腿上被打的地方也红肿了起来。

小伙计于心不忍，看着张秉贵受苦，过来对他道歉："是我对不起你，今天那个碗本来就有问题，我没有放好，你拿的时候它才掉下去的。"

张秉贵听他这么一说，心里有些生气，但是想想还是算了，现在和于掌柜说出实情也无济于事。他对小伙计说："大家都是穷苦人家出身，都是被于掌柜剥削的一员，不应该互相诬陷，应该团结才能做好自己的业务。"

因为张秉贵为人宽厚，待人诚心实意，大家对待他的态度越来越好。张秉贵逐渐融入了老伙计的团体，大家变成了无话不说的好朋友。老伙计们也不再刁难他，他们都认可张秉贵是一个值得信赖的、实在的人。

于掌柜对伙计的压榨严重，张秉贵进入德昌厚干活不久，一个常帮张秉贵的老伙计就被于掌柜解雇了。说起来，这个老伙计还是于掌柜的远房亲戚，也姓于，在德昌厚干了三年多，在三年里一分工钱也没有，好不容易熬到学徒结束，于掌柜却找借口把他辞退了。这一招不仅给于掌柜省了钱，又杀鸡儆猴，这样一来，伙计们都人心惶惶，生怕被于掌柜抓住把柄，三年活白干。

于掌柜有抽旱烟的习惯，这一天，他烟瘾犯了，让正在身边干活的张秉贵去取烟丝。张秉贵正在打扫店铺，听掌柜说要取烟丝，立马放下手中的活去柜台拿烟丝，没顾得上彻底擦干手上的水。

当张秉贵双手将烟丝捧在于掌柜面前时，于掌柜二话没说，上来就对着张秉贵胸口狠狠地踹了一脚。张秉贵往后趔趄了很远，一屁股坐在了地上。

于掌柜破口大骂："你这好小子，上好的云南烟丝你湿手就敢碰！"

张秉贵被这一脚踹得头晕目眩，差点晕倒，但是怕被于掌柜赶出德昌厚，只好连忙道歉。

就这样，张秉贵在德昌厚做了两年的学徒，虽说被于掌柜压榨，但在那个动荡不安的年代也算是有了安身之处。

直到一九三七年，战火烧到了家门口，张秉贵的生活发生了重大改变。

德昌厚的生意越来越不好做，物资匮乏使得德昌厚开始转变经营模式，以前德昌厚只卖日用品等，现在于掌柜也逐渐卖一些炒货、水果、罐头之类的副食品。

战争时期，汽油紧缺，于掌柜又开始做起了石油生意。张秉贵做炒货、卖水果还得心应手，但是石油买卖却差点让他喘不过气来。德昌厚的汽油和煤油生意越做越大，后来张秉贵开始每天和汽油打交道。每桶油三十多斤重，油桶外面还有厚厚的一层油污，而提油桶的把手只有两个小小的圆环，张秉贵每天要提起近二百桶的汽油，长期的工作使他的手指竟然因承重过度变得畸形。每次工作完，他都筋疲力尽，浑身油污。

搬运油桶有时需要将油桶高高地堆在货架上。有一次，张秉贵刚堆好上层的油桶，从货架上跳下来时，一不小心踩在了地上包装盒的钉子上。

张秉贵忍住疼痛继续干活，不敢告诉于掌柜。晚上，店里的伙计用草灰等一些偏方给他治疗。

第二天一早，张秉贵又去继续干活，没干多久，豆大的汗珠就从头上一颗接着一颗地滑落，脚底越发疼痛。他坚持了几天，最终脚底发炎，脚肿得连鞋都穿不进去，才向店里的会计说了这件事。

会计支了几块钱给他去看病。医生告诉张秉贵，如果不及时治疗休息，会有截肢的风险，这下张秉贵才乖乖地吃药、打针。可是休息了不到一天，他又拖着伤脚去德昌厚干活了。张秉贵不想因为自己的身体原因耽误整个店里的生意，所以当时店里的伙计都很佩服他，说他是铁人。

那年冬天，刚刚下过雪的北京一片肃杀之气。临近午夜，刚刚忙活一天的张秉贵正准备躺下休息，突然，门外引擎的轰鸣声和汽笛声由远及近断断续续地响起，随后是嘈杂的脚步声和金属碰撞的声音。张秉贵正在纳闷街口发生了什么事情的时候，咚咚咚的踢门声传来，张秉贵赶紧一骨碌站起来，跑到门口打开门闩。

门外黑压压地站着一片荷枪实弹的日本兵，两个砸门的日本兵正举着黑洞洞的枪口对着张秉贵。人群中走出一个腰挎武士刀的日本兵，走到张秉贵面前说了几句日语，看张秉贵一脸茫然的样子，后面又加了句"汽油的干活"。张秉贵哪见过这阵势？只得去店里拎出一桶汽油，走到卡车面前，用漏斗慢慢地给卡车加油。不一会儿，卡车就加满了汽油。

为首的日本兵叽里呱啦叫了一声，所有的日本兵收起枪，上了卡车。张秉贵一想，不能就这么白白地被他们抢了汽油，于是壮着胆子对坐在副驾驶的日本兵伸出了手，做出了要钱的姿势。日本兵摇头晃脑地说着什么，卡车突然就加速。"要跑！"张秉贵意识到事情不对，追着卡车拍打着车玻璃。卡车越开越远，大街上最后只剩下气喘吁吁的张秉贵。

回到店里的张秉贵和大伙儿说起了这件事，所有人都替他捏了一把汗，庆幸张秉贵只是丢了一桶汽油，保全了德昌厚的买卖。于掌柜也没有提张秉贵的不是，只是不断地抽着旱烟。

张秉贵以为事情就这么过去了，遇上这样的人祸，谁也没有办法保住这桶汽油。但是令张秉贵没有想到的是，最终于掌柜还是把这桶汽油的损失记在了张秉贵的头上，这让他深深地认识到了资产阶级的剥削本质。

张秉贵的能力越来越突出，而于掌柜对他的剥削也越来越严重。在德昌厚当学徒的这几年，张秉贵几乎没回过家。一九四二年腊月，张秉贵结婚，于掌柜这才准许他休了三天的婚假。婚假结束后，张秉贵又被叫去忙活生意。直到元宵节过后，生意不再那么忙碌，于掌柜才准许张秉贵回家探亲。

抗日战争结束后，全国人民都沉浸在结束战争的喜悦之中，然而这时候的北平并不太平，物价飞涨，统治腐败，经常有兵痞找德昌厚的麻烦。

一天，张秉贵正在店门口卖炒货和水果，街上迎面走来几个士兵，跑到张秉贵面前挑选了几斤炒栗子。张秉贵好生招待这些士兵，到了该结账的时候，张秉贵说："几位军爷，谁结下账？"

这一问突然就惹怒了这些士兵，为首的一人一把揪住张秉贵的衣领，恶狠狠地说："爷到你这儿买东西是给你面子，还想着收我钱？"随后，反手就是一拳打在张秉贵的胸口。张秉贵胸口一闷，瘫坐在地上。

于掌柜听到外面有吵闹声，骂骂咧咧地跑出来，看见坐在地上的张秉贵和拿着枪的士兵，于掌柜立马换了一副嘴脸，给那些士兵连连赔不是，一边道歉，一边骂张秉贵不会做生意，招待军爷不周。这时张秉贵也只能忍气吞声，跟着于掌柜一起道歉。

那些年的那些事，张秉贵无可奈何，想要反抗，却又无能为力。

国庆典礼上的张秉贵，想到年轻时的这些苦难经历，内心起伏如潮。如今的天安门前人山人海，到处是红旗的海洋；如今的城市快速发展，一片欣欣向荣；如今人与人的关系不再有剥削压迫，而是和谐友善，这一切都是源于中国共产党的领导，源于中国的解放。

张秉贵深深地体会到，在这样的时代，作为中国的一分子，更要努力上进，才能无愧于自己的民族和国家。

学无止境

"学习"二字一直在张秉贵的心中占有很重要的地位,他一生勤于思考,善于学习,他的悟性就是在这个过程中锻炼出来的。

你们可能会疑惑,都已经在百货大楼正式上班了,张秉贵还需要学习什么呢?踏实干活不就行了?但对于一个真正热爱工作、善于领悟人生真谛的人,这是远远不够的。

张秉贵眼之所见,他自认为不足的地方,都会去学,无论是什么方面,无论何时何地。

实践才是最好的老师,张秉贵在工作中不断学习。

他在柜台上经常会向有经验的老售货员们

学习。

有一件事让他意识到老售货员们经验丰富，见多识广，换言之就是"姜还是老的辣"。

张秉贵当时还在糕点组，因为包装速度快，服务态度好，在百货大楼里小有名气。

一位客人一下子买了不同类别的好几十斤糕点，张秉贵在柜台前麻利地帮着顾客包装糕点。

顾客突然问了他这样一个问题："我这些糕点要是放在仓库里，应该怎么储存呢？"

张秉贵被顾客提出的问题难倒了，面对这个问题，他有些不知所措，心想：之前的顾客一般都会问放在家中的糕点怎么保存，可现在却变成了仓库，要不然，我就按照家中的放置标准回复他？

"您放在干燥、清洁的地方就好。"张秉贵对顾客说道。

"我们的仓库是可以设置干湿度的，请问具体的数值应该是多少呢？"那位顾客又追问道。

张秉贵的脑子一热，这个问题他推理不出来了，只好无奈地挠了挠头："这个问题，我——"

"我来帮你回答。"张秉贵的话音未落,就被一位老糕点售货员打断,"储存糕点的仓库必须要保证干燥清洁,通风良好,门窗齐全;室内温度不得高于二十摄氏度,湿度保持在百分之六十五左右即可。同一种规格的糕点需要放在一块儿,还要注意防虫防鼠防异味。否则,会导致糕点变质的。"

顾客连忙拿出了随身携带的笔记本,写下了糕点的储存方法,边写边说道:"我记住了,谢谢您!"

那时的张秉贵意识到就算自己的包装速度再快,态度再好,缺少知识的积累,还是无法服务好顾客。

在售货的过程中,他留心观察老售货员们如何向顾客介绍商品质量、口味、特点、保管的方法,这样的学习才是最直接、最具体、最实际的。

既能够学习到关于商品的相关知识,还能够马上利用,这便是实践中学习的妙处所在。

"为了更好地营造实践中学习的氛围,我建

议成立不同的学习小组，老带新，或者一帮一，互帮互学，能者为师。"张秉贵向自己的领导建议道。

"当然没问题！"领导总是和张秉贵一拍即合，任何能够帮助百货大楼进步的建议，他也总是会在第一时间给予支持。

不仅向老一辈请教，张秉贵在工作中也十分注意向内行和专家请教。

有一次，张秉贵发现小组里一个年轻人包装糕点时，总是会比其他组员快一点儿，他停下来观察了一会儿：这个年轻人的捆扎技法和其他人的都不一样，速度也非常迅速。

张秉贵非常好奇，走到年轻人面前要拜他为师，学习其特别的捆扎技法。张秉贵的这种做法让那位年轻人受宠若惊，他没有想到，已经成为"名人"的张秉贵依旧保持着虚心学习的态度，于是愉快地把自己从别的买卖行学来的"系扣捆扎法"教给了张秉贵。

张秉贵很快掌握了这一先进扎法，而且进行了改进，将"系扣捆扎法"升级为"套扣捆扎法",将捆扎糖果的时间缩短到了原来的三分之一。

不仅如此,张秉贵还无私地将自己新学来的方法传授给身边的所有同事,大大提高了整个百货大楼的工作效率。

对一件事研究透了,就要知其然,还要知其所以然。

对于甜甜的糖果,大家肯定都爱不释手,但你们知道糖果有哪些营养成分？什么样的人适合吃什么样的糖果吗？

在张秉贵的眼里,无论是吃的、喝的、用的,还是穿的,对于每一样商品,作为售卖人都应该把它弄得一清二楚,包括它的材质、用料、口味和适用人群等,在售卖之前就应该全方位地了解,然后将它们精准地卖到有需要的顾客手里。

为了更深入地了解糖果,张秉贵专程去了北京协和医院的营养科,找医生学习各种糖果的营养知识和适用人群,提高了自己对于某些有特殊需求的顾客的服务质量。

在张秉贵看来,只有全面系统地向相关领域

的专家学习，才能够将大家在实践中学习到的理论知识系统化，将对商品的感性认识提升到理性认识的层面。

但凡有去工厂或者展览会参观学习的机会，张秉贵都会积极参加。对于他来说，去工厂参观能看见许多平时看不见的商品的生产情况，而去展览会则能够了解到新商品的销售倾向和今后的发展趋势。

张秉贵常常对身边的同事说："只有你我的心里明白了，对于商品的了解丰富了，向顾客介绍时才能出口成章，吸引顾客注意，并且让顾客信服。"

每到销售淡季的时候，张秉贵总是会主动组织新来的年轻职工去糖果工厂参观，带着他们更深入地向工厂的技术人员请教糖果的生产工艺、产品质量等方面的情况。张秉贵之所以一直坚持这样做，是源于他自己之前的一次经历。

那次，糖果柜台新进了一批特色糖果，其中就有"酒心糖"。一位带着小朋友来买糖果的家长看见新品后，便询问道："这酒心糖，小朋友能吃吗?"

同学们,你们吃过酒心糖吗?

那是一种在巧克力里包裹着美酒的糖果,巧克力又滑又润,美酒甜中带辣,放进嘴里甜甜香香,又带着一点儿微微的酒味,口味十分独特。

大家都知道酒心糖含酒精,小朋友又不能喝酒,那小朋友到底能不能吃酒心糖呢?

在很多人眼中,糖果不就是给小朋友吃的嘛,可是,那位大人问的这个问题,真的难住了张秉贵。由于它是新品,张秉贵对酒心糖的了解甚少,当时的他并不能够详细地向顾客介绍酒心糖的工艺,但他为了顾客的健康着想,考虑到糖果里含有酒精,于是只好先劝说顾客别给小朋友吃。

第二天,他立刻赶到了当地的酒心糖工厂,全方面地了解了酒心糖的生产过程。从工厂回去之后,他便再也不是一知半解,再向顾客介绍酒心糖的时候心中就有数了。

糖果柜台前,大家总是能看到向顾客细致讲解的张秉贵的身影。无论是生产酒心糖的原料和配方，还是如何往里面放酒、如何包装等一系列的生产工序，张秉贵总是能够娓娓道来。

原来，现在市面上的酒心糖，每颗糖含白酒四毫升左右，就一般情况而言，若吃一两颗酒心糖，所摄入人体的白酒也只不过四至八毫升，是不用担心的。然而，当酒心糖以其独特的口味博得人们的青睐，一天吃十至二十颗亦是常有之事，这样就有四十至八十毫升的白酒悄然进入人体，对某些人，特别是孕妇和儿童来说，是不可掉以轻心的。

顾客听完了张秉贵的介绍之后都非常高兴，既学到了关于商品的知识，又买到了特色糖果，一举两得。

一九八〇年，张秉贵随着全国人大代表团去东北视察时，还专门跑到了黑龙江商学院向专家、教授们请教，回到百货大楼时，还将专程带回的《食品学讲义》供同事们分享学习。张秉贵对于学习的态度非常认真，他会时刻留心各种新产品的内容简介，每次都仔细认真地看一看，记一记。

学无止境

为了精通商品知识，没有人知道张秉贵到底贡献了自己多少的业余时间。每逢休息日，别人都心安理得地在家里休息的时候，他总是会不辞辛苦地来到工厂、医院或者是研究单位，更加深入地了解关于糖果的知识。

因为熟悉各种糖果的特点，张秉贵可以针对一些特殊的顾客推荐糖果。对于消化不良的顾客，他就将柠檬糖和咖啡糖推荐给他们；对于肝病患者，则向他们介绍水果糖；对于嗓子不好的顾客，他便建议购买薄荷糖。

有一句俗话说得好："人叫人千声不语，货叫人点头自来。"在张秉贵眼里，吸引顾客主要靠商品，但必不可少的就是将商品的口味、质量和保管方法等如实地向顾客介绍清楚，只有这样，顾客才能够了解它，认识它，掌握它，从而更加激发他们的购买欲望。这些，不仅仅取决于售货员的服务态度，还取决于售货员对这种商品的掌握程度。

售货员直接经手来自四面八方的商品，是站在商品流通领域的一线人员。因此，学一学商品知识，对于提高服务质量，当好顾客参谋，更好地满足顾客需求都是不可缺少的。特别是随着人民生活水平的不断提高，各种商品不断更新和发展，品种不断增多，款式不断翻新，要使自己的业务技术能跟得上市场变化，就需要让自己成为一个卖什么懂什么、学什么会什么的行家。

神奇的"一抓准"

问大家一个问题,在没有秤的情况下,就凭一双手,你们认为自己能够准确地抓出想要的物品的重量吗?

大多数同学应该都很难做到吧?但张秉贵在百货大楼卖糖果的时候,就练就了这样一项神奇的"一抓准"技术。

糖果的品种众多,价格各异,那时的人们来买糖果的时候,总是希望能多买几个品种,一种只要二三两,这就给售货员带来了严峻的考验。他们需要反复地称量各种糖果的重量,使得称糖果的时间大大增加,这样造成的后果便是,购买糖果的队伍越来越长,排队的顾客的不满情绪越来越重。

张秉贵为了提高自己称糖的速度,就像当年练习包装一样练起了称糖。他将货架上的几十种糖果每一种都称了二两,然后数了数多少颗,反复地抓了称,称了抓,每天都早来晚走,勤奋练习。功夫不负有心人,经过很长一段时间的练习之后,张秉贵终于练就了称糖"一抓准"的绝活。

张秉贵之所以对"重量"这么上心,源于他小时候的一次经历。八岁那年,他背着一个小破布包,上了村子里的私塾。

张秉贵虽然年纪小,但他特别懂事,知道自己家境不好,一有空闲就会主动地去找几个哥哥一起帮家里的忙。

身材矮小的他能够在炎炎烈日下,背着大大的背篓,上山捡满满一筐柴火;也会趁着雨还没停,就踩着泥巴跋山涉水地去挖新鲜的野菜。

张秉贵最喜欢的还是被哥哥们带着去"打执事"。什么是"打执事"呢?其实就是村子里有哪家娶亲嫁女的或者是出殡的,他们去当跟班,撑场面。打一次执事还能讨点喜钱，有点微薄的收入，挣点零钱补贴家用。不过打执事也挺辛苦的，天不亮就要上路，一跟就是一整天。

"弟弟，明儿周末，咱们村王伯伯的儿子娶媳妇儿，你可以去打执事。"那天二哥走到正在做功课的张秉贵面前说。

"好啊，我去我去！不过二哥，这次你不去吗？"张秉贵疑惑地问。

"明天我老板让我去帮他搬家，抽不出身，你就自个儿去吧！对了，平时的贴饼子都是我帮你装的，你记得明天带一个在路上吃。"二哥提醒道。

"嗯嗯，记得了。"张秉贵一想到能挣一吊钱（十枚铜圆）就开心极了，晚上都是带着微笑入睡的。

一大早，天还没亮，张秉贵就起床换了打执事需要穿的"号衣"。可由于他才八岁，身材瘦小，衣服实在太大，穿在身上就好似套了一个水桶，没办法，他只好用一根麻绳往腰间系了一圈当腰带。

神奇的"一抓准"

"给，这是你的贴饼子。"妈妈把口粮递给了张秉贵。

"妈妈，这个……"接过贴饼子的张秉贵不知所措，也不知该往哪儿揣。

"傻孩子，把贴饼子揣怀里，千万别弄丢了，咱家每个人一天只有一个。"妈妈提醒张秉贵道。

"嗯嗯。"张秉贵一边说着，一边将贴饼子往怀中一揣，"妈妈，我先走了。"

"路上小心啊！"妈妈担心地嘱咐道。

张秉贵的心早已飞到了执事上，一堂彩的执事包括：一对灯笼、一对开道锣、八面大鼓、一对伞、一对扇、一对大号、四支唢呐、两盘笙、一对云锣、一对小镲和一对钹。他去得早，就能领到轻便的执事，敲敲打打也不需要技术。

匆匆跑到王伯伯家的张秉贵如愿地领了一对小镲，可他没想到的是，因为他对贴饼子不上心，蹦蹦跳跳的他在路上早就把今天的贴饼子给跑掉了。

太阳升起没多久，声势浩大的仪仗队伍便准备出发了。

王伯伯家是大户人家，特别有钱，所以把这次喜事看作展示自家财力、地位的一个重要机会，非常讲究排场，对打执事的人管理也比往常严了很多。为了打造出一种恢宏气势，王伯伯不许任何人离队，休息也得统一"打尖"。

张秉贵跟着队伍打着执事走了一上午，肚子早已饿得咕咕直叫，终于到了休息的时候，看着大家都从怀里拿出了干粮，他才想到了自己怀里的贴饼子。

张秉贵往怀中一摸，才意识到贴饼子不见了踪影。

"坏了，我的贴饼子呢？"张秉贵在怀里没有找到，便从上到下把身上摸了个遍，可还是一无所获。年仅八岁的张秉贵没了干粮，只好一边看着别人吃东西，一边咽口水。

就这样，张秉贵饿着肚子，又跟着打了一下午的执事，回到家的他都有些发晕，站不稳了。

妈妈一看见他，担心极了："你是不是一天都没吃饭？"

"贴饼子丢了。"张秉贵没了力气，小声地说

神奇的"一抓准" 67

道,"妈妈,这是今天打执事赚的钱。"张秉贵把挣来的一吊钱(十枚铜圆)如数交给了妈妈。

妈妈一见那原封不动的一吊钱,眼泪一下便涌了上来:"饿坏了吧,孩子?"

张秉贵看着妈妈落下了眼泪,委屈油然而生,也跟着抽泣起来。妈妈一把将他搂进怀里,娘儿俩哭作一团。

张秉贵的爸爸妈妈为了孩子们已经好几年没有吃过荤了。但凡弄到了点儿肉末,妈妈都会就着面团包在孩子们的贴饼子里。那时的张秉贵既委屈又自责,他在心中暗暗发誓,今后一定要更加细心,一定要记好每件物品的重量,再也不要让妈妈哭泣了。

从那以后,张秉贵对拿在手里的每一件物品的重量都非常上心,时不时地总会掂量掂量,这也为他练就称糖"一抓准"的技术打下了良好的基础。

在百货大楼里,经常有人一看到张秉贵当班,就立刻跑到他的糖果柜台前排队,每一位顾客都想亲眼见识一下劳模张秉贵的"一抓准"绝技。

刚走到柜台前，张秉贵便会面带微笑地问顾客："您好，请问您想来点儿哪种糖果？"

"因为是买喜糖，所以我们想多买一点儿，这个一斤，这个两斤，这个三斤，那个两斤……"一次，只见一位顾客一边说着话，一边对着柜台上琳琅满目的糖果指指点点。一旁排队的人们看得眼花缭乱，张秉贵却娴熟干练、有条不紊地抓过糖来称，一抓一个准，不再添加一颗，也不再减少一颗。

"这么多糖，麻烦您给分样包装可以吗？"顾客又继续提了个自己的小要求。"当然没问题！"张秉贵爽快地答应了，然后把手中的糖果倒在了纸袋里，封上口，系上绳，动作极快，一气呵成。

柜台前的顾客看着张秉贵娴熟的操作，就好像在欣赏艺术一般，非常享受。不一会儿，柜台上便码出了一个整齐的长方体，而后他从柜台下又找出了两个长条的大号糖果包装纸袋，分别装满，打包系绳。二十多斤的糖，两大袋，包装得工工整整、妥妥帖帖。

这位顾客非常感动，提着包装好的糖果，紧紧地握住了张秉贵的手，对他说："张师傅，真是太谢谢您了！我在地质队工作，这些喜糖是想分给野外作业的同事们的，您给包装得如此精细，可省了我的大事了。"只见张秉贵亲切地说："不用客气，这是我应该做的，欢迎你们下次还来这里买糖。"

这位顾客可能与张秉贵只有一面之缘，但张秉贵亲切的音容笑貌和他"一抓准"的绝技一定能够深深地印在他的脑海里，历久弥新，成为他人生中难忘的回忆。

不可思议的"一口清"

张秉贵在百货大楼里的糖果柜台当售货员期间,还练就了他的第二个绝技,那就是算账"一口清"。什么是算账"一口清"呢?其实指的是速算技巧。自从张秉贵练就了算账"一口清"后,他便彻底甩掉了售货员离不开的算盘,使得售货速度成倍提高。

起初,张秉贵发现,如果一位顾客一次性要买三种糖,他必须得回头看三次价格,闲下来的时候,他做了一道计算题:每转过头看一次糖果价格要花费三秒钟,三个三秒就是九秒。如果一天接待了四百位顾客,就要花费三千六百秒,也就是一个小时的时间去看价格。一天浪费一个小时，一年就会浪费三百多个小时。在张秉贵看来，这是万万不行的。

张秉贵认为，作为一个称职的售货员，就有义务去珍惜顾客的时间，没有浪费顾客时间的权利。于是，就给自己定了一个小目标：一定要解决回头看价格的问题。

从那以后，张秉贵只要有空，就开始背诵各个种类糖果的价格。当时的张秉贵已经年近四十岁了，按理说他的记忆力远远比不上年轻人，但是他凭借顽强的毅力和坚定的决心，硬是把柜台上八十多种糖果的价格背得滚瓜烂熟，售货时，他便再也没有把时间花费在看价格上了。

这一个问题解决了之后，下一个问题又接踵而来。张秉贵发现，他已经把糖果的价格倒背如流了，可是"算账"这个环节也非常耽误时间。

算账"一口清"，便是张秉贵针对这个难题，用自己的悟性和韧性得来的解决办法。

二十世纪六十年代初期，张秉贵通过职工夜校努力学习了"速算法"。他勤奋练习，终于摸索出了"口捻账"，在此基础上练出了"一口清"

不可思议的"一口清"

的技术。

每一次售卖糖果的时候,在糖果称好、包好的同时,张秉贵也能将糖果总价用心算的方法计算出来,从来都是分文不差,令同事和顾客都瞠目结舌。

张秉贵小时候家境非常贫寒,求学之路也充满波折,中途辍学了两次,就连打算盘都是在德昌厚当伙计的时候才学会的。所以,在张秉贵刚去百货大楼当售货员的时候,时不时会有顾客反应张秉贵打算盘的速度有些慢。

张秉贵把这些意见一直记在心中,一有空就会锻炼自己的打算盘能力。

学习了口算之后,张秉贵才发现这样节省的时间更多,于是他想方设法地找机会锻炼自己的口算能力。

有一次,回家的时候,张秉贵正巧碰见了在楼道里收水费的工作人员。他们先是把水表的数值抄了下来,而后用算盘计算差值,再乘以单位水费,便是一家人一个月需要缴纳的水费。

张秉贵路过的时候,他心想这不正好是个锻

炼口算的机会吗？张秉贵回到家，等儿子写完作业，便带着笔和纸拉着儿子出了门。

你们猜猜看，张秉贵是用一种什么样的方法锻炼自己的呢？

张秉贵带着儿子来到了他们楼的水表前，对儿子说："这一栋楼一共三层，每层十户。你一层一层地把他们的水表数加起来，你拿笔算，我用心算，咱们看看是谁算得快。"

儿子一听，觉得爸爸在开玩笑，调侃道："老爸，您这怎么可能算得过我呢？要是我赢了，是不是有奖励？嘿嘿。"

"这是必须的。"张秉贵摸了摸儿子的脑袋回答道。儿子开心极了，拿起笔就开始计算起来，张秉贵的口算锻炼也就开始了。

张秉贵只要在家，就会拉着儿子去练习口算，因为每家每户的用水量一直在变化，所以张秉贵每次去计算的数字也都不一样。就这样，锻炼了一段时间之后，原本算不过儿子的张秉贵，渐渐地能够算得比儿子快了，到最后竟然达到了一念出数字，张秉贵的心中便计算出了答案的境界。

不可思议的"一口清"

大家是不是非常想知道张秉贵究竟用怎样的计算方法呢？他把两种"一口清"的计算方法无私地与身边的同事分享。同学们也可以学习一下，说不定能对大家提高口算能力起到一定的作用。

第一种方法是：先加整，后加零，最后出总数。它适合金额少，数量不大的商品，这样可以提高计算效率，节省顾客的时间。其实这种方法和打算盘是一样的道理，打算盘是心想手动，而这种方法则是心想心算。

举个例子，假如一位顾客想要买2.25元、1.35元和3.35元等不同金额的商品，这个情况就可以先加元，后加角和分，最后再得出总数。相对应的公式为（2+1+3）+（0.2+0.3+0.3）+（0.05+0.05+0.05）=6.95元。为了更加准确和迅速，大家可以在进行心算的时候不说元、角、分，只在心里默默地加数字就好。比如2.25元说成225，1.35元说成135等，只需在最后算出总数的时候，向顾客说明元、角、分便可。

第二种方法是：先加后减的计算方法。凡是遇到了零杂数字和尾数较大的其他数字相加时，便可采用先加后减的计算方法。

举个例子，假如一位顾客想买1.18元、4.80元和2.70元等不同金额的商品，针对这个情况，就可以把1.18作为基数，其余的数字先做整数相加，即1.18元先加5元，再加3元，等于9.18元，再减去5角，总数为8.68元。

这两种方法是不是都不复杂？但如果不刻苦练习，也是达不到运用自如的境界的，这也是张秉贵与其他人不同的地方。

难道他真的是比别人聪明吗？其实不然，他靠的最多的还是后天的努力。

在张秉贵的眼里，算账虽然是买卖的最后一道工序，但它同时也是最重要的一道工序，这对售货员的要求非常高。拥有一个好的算账本领，对于售货员来说是非常重要的，它对于提高售货效率、避免差错损失和提高服务质量都有直接的关系。算账有两个要求，第一个是要算得快，第二个则是要算得准。

张秉贵在向同事们传授自己"一口清"经验的时候，讲了这样一句话："业精于勤，熟能生巧，只要你肯下功夫去学习和练习，便一定能练出实打实的硬功夫来。"同事们听了都觉得受益匪浅。

凭借着称糖"一抓准"和算账"一口清"这两个绝技，二十世纪六十年代，张秉贵便成了与淘粪工人时传祥齐名的首都商业财贸系统的著名劳动模范。他的事迹不仅上过广播电台，而且还被图文并茂地刊登在了一九六三年八月的《中国画报》等国内大型刊物上。张秉贵光荣地成为二十世纪五六十年代首都商业战线上的一面鲜艳的旗帜。

当上了师父

张秉贵的模范事迹先是在百货大楼里人尽皆知,而后一传十,十传百,整个北京城的人聊起天来,只要谈到了王府井百货大楼,"张秉贵"这个名字是一定会被提到的。

到了二十世纪七十年代,百货大楼渐渐发展起来,随之所招的新员工的数量也越来越多。张秉贵的模范带头作用,在那个年代,给好学上进的年轻人带来了强烈的影响,很多人慕名而来,就是为了能成为像张秉贵一样的售货员而选择来王府井百货大楼上班的。

一九七二年,在相关领导的推荐下,吴建华和李莱这两名新来的年轻女职工与张秉贵签订了师徒合同，从那以后，张秉贵便当上了师父。

吴建华和李莱一到百货大楼上班便与张秉贵一起在糖果柜台售货，虽然表现很好，但是她们都不太重视领导的"专师专徒"政策。

张秉贵当上师父之后很是重视，但是他既开心又担心。

开心的是，这两个徒弟冰雪聪明又单纯，平时工作的时候只要稍作指点，她们便能很快地领会，技术掌握得也非常迅速，对于一般的售货工作没过多久就能完全胜任了。

然而，张秉贵还是很担心，他意识到，这两个徒弟有着和一般年轻人一样的共性，觉得什么事情都太简单了，就连当售货员也是一件非常容易的事情，没有什么好学的。张秉贵心想，怎样才能提高她们的认识呢？怎样才能让她们虚心好学起来呢？思考了许久后，他想到了一个办法。

张秉贵把吴建华和李莱叫到了一块儿，谈了一次话，他还特意为她们准备了一份"见面礼"，亲切地对徒弟们说："早上，领导指定咱们要共同学习，请你们每个人都为我出道题目吧！"

吴建华和李莱听到张秉贵这句话都有些摸不着头脑："哪有徒弟给师父出题目的呀？您是不是要考我们什么？"

张秉贵一点儿都没有师父的架子，就像是和朋友说话一样和徒弟们商量着："咱们只是讨论讨论，你们不出题目也行，但是要是能提出一个问题咱们一起探讨，就再好不过了。"

"那我来问您一个问题吧：售货员的工资少，待遇低，既受累，又受气，这样低人一等的职业，师父您是怎样一干就干了三十年的？还有，您看看就算您当上了劳动模范，还不是依旧会被顾客支使着？"性格开朗的吴建华直率地问道。

张秉贵笑着听完了，转过头面向李莱："你呢？你也提个问题吧。"

文静的李莱不好意思地低下了头："我？小吴的问题也正是我想问的呢！"

张秉贵重重地点了点头，他知道，这不仅仅是徒弟们想问的问题，应该也是大家都想知道的，这也正是张秉贵想要给两个徒弟上的第一课。他接着问道："那你们说说，什么样的工作才是高人一等呢？"

"当然是干革命，改造旧世界，解放全人类啊！"吴建华再次抢着回答道，李莱也又一次认可地点了点头。

"那我讲一下我自己的看法吧！"张秉贵认真地说道，"革命确实是高尚的，但并不是高人一等的。改造旧世界，解放全人类，这是所有共产党人的理想，这并不是靠救世主的恩赐，而是体现在全心全意为人民服务的宗旨里的。轻商思想是一种旧的传统观念，我们有些同志也认为站柜台低人一等，岂不是也受到了这种观点的影响吗？你们如果想要干革命，就必须要从这里做起，用自己的行动阻止剥削阶级思想的继续衍生。"

吴建华和李莱互相看了看，很显然，她们从来都没有想到过张秉贵说的这一席话。随后，张秉贵接着说："我确实已经站了三十多年的柜台，新中国成立前，当店员是为了生活，遭受了不少的压迫和剥削。在那些压迫者和剥削者的眼里，店员岂止是低人一等？但现在，我站柜台，就是为人民服务。我和你们跟顾客也没有地位差别,我们只是相互服务的同志关系。你们生在新社会,不论吃的、穿的、用的、住的、交通、医疗、环境卫生、文化艺术享受,从幼儿园到小学、中学,这些都是别人为你们服务的。党的国家领导人和各级干部、人民军队、人民警察等,也都是为你们服务的。你们说,这样的相互服务能分出谁比谁高一等或者低一等吗?许多服务都是互不见面的,而我们站柜台的却是要直接地、面对面地为那些为我们服务的人服务。仔细想想看,这难道不是一种乐事吗?只有对自己的工作有了正确的认识,你才能够更加热爱它;只有热爱它了,你才能做好它。我的这一番话,就当作是给你们的见面礼吧!我也相信你们在之后的实践中也一定会不断地有新的体会的。"

张秉贵说完之后,吴建华和李莱都情不自禁地为师父鼓起了掌,她们流露出了之前从来没有过的兴奋神色。"那就请师父指导指导我们到底应该怎么做呀。"两位徒弟异口同声地说。

"其实,我也只有四个字送给你们,那就是——青出于蓝。我完全相信,你们是有能力,也是有条件有可能在各个方面都超过我的,关键就在于你们要勇于立志和不懈地努力。"张秉贵耐心地建议道。

从那次以后,特殊的"见面礼"深深地刻在了两位徒弟的心里。她们庆幸自己能有一位这么好的老师,张秉贵也对这两位后起之秀充满了信心。

在平时售卖糖果的过程中,遇到的顾客形形色色,难免会遇见一些令两位徒弟为难的问题。张秉贵总是会细心地观察她们的情绪,因势利导,进行针对性的帮助。

有一次,一位老大娘在柜台前问这问那,絮絮叨叨,左挑右选,却怎么也拿不定主意,吴建华耐心地为老大娘解释推荐,可称好了之后,这位老大娘又说不买了。吴建华性子急,强忍着火气,端起秤盘,使劲往糖果货架上一摔,哐啷一声,她不满的情绪便表现了出来。

张秉贵看在眼里,记在心上,尽管吴建华向张秉贵不断地抱怨"有些顾客真难伺候",可张秉贵每次都会及时地帮助她分析顾客心理,找出正确的解决办法。

李莱也遇见过"难题"。那次，柜台前排着长队，有十几名顾客按规矩排队买糖，突然，柜台前走来一位中年女工，吵着要抢先，大声叫道："我刚下了夜班就来这儿，在这里等了半天都没人理，你眼睛瞎了？"

李莱抬头看了看，没答话。另一位老员工对其他的顾客说："她刚下夜班，就让她先买吧！"中年女工买完糖后，提着袋子在李莱面前示威："你看看，我买到了，你有什么了不起的啊？好好学习学习吧！"李莱气得直发抖，可还是压抑住了自己的情绪。

下班后，张秉贵立马找到李莱谈心。他向李莱耐心地讲解了柜台上的原则性和灵活性，并且指出问题的症结在于她对顾客没有感情。如果你对顾客感情深，就能待客如亲，说话自然也就会亲切，对于对方的言语，也就不会那么计较了。

李莱当时还接受不了张秉贵的话，可仔细思考了几天之后，她恍然大悟。她找到张秉贵，对他说："师父，顾客说话很冲是因为着急，我确实应该体谅她。"从那次之后,李莱便再也没有和顾客产生过对立的情绪。

在这里想给同学们出道题目。你们想想看,假如你们是售货员,遇到了下面的情况,你们会怎么做呢?

一名顾客买了一盒糖,回家之后才发现糖盒上有一道划痕,又拿回百货大楼说要求换一盒。顾客抱怨:"我买整盒糖果就是为了留个漂亮的盒子做纪念,现在发现盒子有损,所以十分不开心。"可是百货大楼的规定是,食品一经售出是不能够退换的,吴建华和李莱对于这个情况都表示无能为力。同学们,换作是你们,你们会怎样来解决这个问题呢?

张秉贵用一个简单的方法巧妙地解决了这个问题。

他从柜台上捧来了两盒全新的糖果对顾客说:"您看看,这两盒怎么样?"

吴建华和李莱不可思议地对看了一眼,然后睁大眼睛盯着师父,劝说道:"师父,怎么也不能给他换呀,这可是原则问题!"

只见那位顾客非常仔细地挑选好了一盒说："就换这一盒吧，真是麻烦你们了。"

张秉贵反而朝顾客道歉："真不好意思啊，当时没有帮助您挑到满意的产品，又让您跑了一趟。"

"能换我就很满足了，有了这个糖盒，我这一趟就没有白跑。"顾客瞬间开心了起来。

吴建华和李莱听了张秉贵的话后，心里很不是滋味，正想提醒师父，只见张秉贵并没有把顾客挑好的糖盒递出去，转而又满面笑容地对顾客说道："有一点希望您能理解，刚才我们两位年轻的同事也说明了，百货大楼的商品一经售出是不能退换的。但我们相信您，这盒糖您没有动过。"张秉贵一边说着，一边把新糖盒里的糖果取了出来，然后又把顾客带回来的糖果装了进去，"这样调换一下，您看看行不行？"

顾客认可地点了点头，抚摸着称心的糖盒向张秉贵道了谢，然后满意地走了。吴建华悄悄拉了拉李莱的衣角，小声地说："我们咋没想到这个好办法呢？这样顾客满意，我们也没有违反原则，看来，我们还是没有设身处地为顾客着想啊！"

李莱也点头同意："师父一直跟我说，柜台上既要有原则性，又要有灵活性，看来我也没理解透。"

张秉贵自从带徒弟以来，一直都言传身教，对她们的关心也是无微不至的。张秉贵不仅仅在工作上帮助她们，更是从政治上关心徒弟们的进步，是她们的入党介绍人。后来，吴建华和李莱都成长为能独当一面的企业管理者。

红遍中国的"一团火"

张秉贵的模范事迹不仅仅影响了他的徒弟们,还影响了他身边一群又一群的年轻人。通过学习张秉贵,百货大楼很快就涌现出了一大批张秉贵式的优秀售货员、先进集体和先进个人,实现了"商店有榜样,单位有标兵,班组有典型"。

一九七七年五月,《红旗》杂志刊登了张秉贵《为革命站柜台》的文章,那一次也是真正意义上将张秉贵的精神传遍了中华大地。他在这一篇文章中最令人印象深刻的是这样一句话:"胸中要有一团火,处处想着工农兵。"

没错,正是由于张秉贵心中一直有一团为服务事业奉献终生的火焰,才使得他赢得了广大消费者的爱戴与尊敬，温暖了每一个人的心。

自从《红旗》杂志刊登了张秉贵的文章之后，"一团火"精神影响非凡。一九七七年八月，张秉贵光荣当选中国共产党第十一次全国代表大会代表，这是北京市商业系统中唯一的一位普通售货员代表，各大报纸杂志都争相报道他的光辉事迹。

《北京日报》在一九七七年十二月二十四日的报纸头版设置了"学习张秉贵，做张秉贵式的售货员"专版，刊登了《心有一团火，温暖工农兵——张秉贵先进事迹之一》的长篇通讯。之后连续刊登了《珍惜顾客的一分一秒——张秉贵先进事迹之二》和《柜台上的辩证法——张秉贵先进事迹之三》这三篇介绍张秉贵先进事迹的通讯。这些通讯一经连载，反响强烈，引起了各行各业同志们的注意。

尽管张秉贵成了报纸杂志争相报道的"名人"，但他没有一丝骄傲，还是兢兢业业、勤勤恳恳地在自己的岗位上认真工作。同时，他又希望能有越来越多的年轻人被他影响，为服务人民的事业做出更大的贡献。

《北京日报》多次刊登关于张秉贵同志的文章。在围绕学习张秉贵发表的评论中指出："我们要学习他对工作满腔热情，待同志温暖如春，关心顾客胜过亲人的'一团火'精神；学习他脚踏实地、埋头苦干、争分夺秒的忘我劳动精神；学习他干商业、爱商业、钻商业，研究业务技术精益求精的革命思想。"

在一篇题为《学习"一团火" 献出光和热》的文章中还刊登了一组群众的来信。这群写信人遍布各行各业，不仅有服务行业的售货员、售票员，还有工人、农民、解放军战士，甚至还有七八岁的小学生。他们除了异口同声地表达自己对张秉贵"一团火"精神的称赞之外，还纷纷表示要以张秉贵为榜样，在今后的首都精神文明建设中添上自己的"一把火"。

张秉贵在一九七八年二月当选为第五届全国人大代表，还被评选为人大常委会委员。三十年前，还是一个小店员的张秉贵做梦也不会想到，今天他竟然能在国家最高权力机关履行职责，与其他代表一起共商国是，但他走的不是一夜成名的捷径，而是一步一步脚踏实地前进。

每每来到神圣的人民大会堂，张秉贵都会再一次坚定自己的步伐：一定要当好代表，不辜负党和人民的信任与重托。

张秉贵的故事也引起了作家们的注意。

相信大家一定知道著名作家冰心奶奶。当时，七十八岁的她还在《人民文学》编辑部工作。张秉贵的事迹深深地打动了她，她决定要写一篇关于张秉贵的报告文学。

冰心奶奶做事非常严谨认真，她让同事找来了关于张秉贵先进事迹的材料，还有许多顾客写给他的信，一一细读，为的就是能够更加了解这位她马上要采访的售货员。

冰心奶奶越看越感动，越看越被张秉贵心中的"一团火"精神所打动。她心想：这并不是从天上掉下来的一团火，如果不彻底推倒曾经压在人们心上的旧社会的冰山，心中这一团热爱新社会的烈火是燃烧不起来的。这些道理没有谁比我们这些从旧社会过来的人更深有体会了！

考虑到冰心奶奶当时的年龄已经很大了，于是杂志社安排把张秉贵接到她家里去接受采访，可谁知冰心奶奶生气了，立刻批评说："不可以！哪有咱们采访人家，还让人家送上门的？我要亲自去见他，然后去百货大楼。"

就这样，冰心奶奶与张秉贵约好了时间地点，亲自去采访了张秉贵。之后便写了一篇《颂"一团火"》，并在一九七八年《人民文学》第八期上发表了。

文章深刻体现了冰心奶奶对张秉贵的敬佩之情，她在文章中写道：

本来在我耳中听着他的话，笔下记着他的话的时候，我的脑海里还有向我涌来的一阵阵的海潮音。这海潮音里有毛主席的谆谆教诲，也有张师傅自己讲过的话，还有那些青年人的来信里的向他致敬、向他学习的话。二十多年来，他腰板挺直地以新社会主人翁、人民的售货员的身份，站了革命的柜台，接待了近二百万个顾客。他以充满着热烈亲切的阶级感情的言语和行动，使得顾客们一进商店就感到热乎乎的，回到工作岗位以后心里还是热乎乎的，干社会主义越干越起劲。他以三尺的革命柜台，做了宣传毛泽东思想的讲坛，使得没有尝到旧社会的苦的许多青年人，都心悦诚服地要拜他为师，要做他的革命接班人！

没过多久，冰心奶奶冒着炎炎酷暑，来到百货大楼糖果部，对张秉贵进行了第二次采访。为了不影响他的正常工作，冰心奶奶悄悄地站在柜台旁边，观察着他的一言一行。

只见糖果部柜台前人山人海，被围得水泄不通张秉贵却在柜台里有条不紊地忙着，并且脸上始终带着微笑。无论顾客要几斤、几两糖果，只要话音一落，他便一把抓准糖果的重量，利索地包好，并报出钱数，收钱找零，同时接待下一个顾客，这一系列动作只需短短的一分钟。

从糖果部出来后，冰心奶奶又对百货大楼的负责人，还有张秉贵的几位同事进行了采访，在采访中她还了解到这样一件趣事。

红遍中国的"一团火"

有一天,糖果柜台前来了一位特殊的顾客。那位客人指着货架上的糖果对张秉贵说:"我要买两块二一斤的双喜奶糖二两二,一块一毛五一斤的脆口香三两七,三块四一斤的迎宾奶糖二两八,一块六一斤的广州水果糖一两三。"见那位客人不再说话,张秉贵就问道:"您还要点儿什么吗?"顾客说:"不要什么了,这些糖果要多少钱?"张秉贵马上说:"两块零七分。"这位顾客展开手心,只见上面写着"2.07"。他激动地说:"咱们是同行,看到报纸上宣传您的'一口清'本领,起初我还不太相信,这下我可是真服了!"

为了保证这篇报告文学的真实性,冰心奶奶第三次约见采访张秉贵,并对前两次采访的内容进行了核实。在与张秉贵的交谈中,她意识到,如果遍布全国各地的八百万售货员都能像张秉贵一样,似一团团燃烧的火焰,定会将神州大地照耀得光明灿烂。

我所看到的这些信,几乎都是青年人写的,

都是给张师傅写的私函，他们推心置腹，披肝沥胆地向他检讨，向他立誓，向他致敬，向他学习……多么可爱的青年人！多么诚挚而热情的话语啊！这些风华正茂、血气方刚的青年人，是我平时所不熟悉的，我们的接触只在柜台内外，一买一卖之间，我们没有工夫谈话，他们也更不会向我交心！看了这几十封信之后，使我感到每一个三尺柜台，都有一把从张秉贵同志手里接过来的火炬，它熊熊地温暖了、照亮了每一个站在柜台外面人们的心！

张秉贵同志还在笑着望着我——我是只顾沉思，忘了发问了！这时，我忆起张秉贵同志在财贸大会的发言中最后的一段是："同志们，让我们一千二百多万财贸大军，跟着党中央，乘风破浪，进行新的万里长征！"我赶紧笑问："我的第二个问题是，这一千二百多万财贸大军中，有多少位售货员同志呢？"

他笑着说："大概有八百万吧！"

好！八百万售货员，一千二百万财贸大军，这星罗棋布、漫天遍野的一团团火光，会把我们的新的万里征途，照耀得多么光明，多么灿烂！

让我们都来接过这一团火！

让我们都来赞颂这一团火！

这是冰心奶奶这篇报告文学《颂"一团火"》的结尾，她深深地被张秉贵的精神所感染，激情洋溢地呼吁读者都向张秉贵学习，向"一团火"学习。

一九七九年，张秉贵被国务院授予"全国劳动模范"称号，这是党和国家对他几十年如一日、全心全意为人民服务的最高褒奖。

无私著书

张秉贵以他的"一团火"精神点燃了各个年龄段人们的斗志,他也因此收获了不少的崇拜者。张秉贵深切认识到,自己既然成为全国年轻人眼中的榜样,就一定要对得起这个身份,尽可能地尽自己的力量去帮助他们。

张秉贵虽然只上过小学,中间还辍学了两次,文化程度不高,但他在领导和周围同事的鼓励下,经过自己刻苦努力的创作,又通过一年多的反复修订,将自己的柜台服务经验写成了《张秉贵柜台服务艺术》一书。

这本书全方位系统地总结了张秉贵几十年来积攒的经验,并将它们无私地分享给读者。

张秉贵在书的开头感慨了自己的写书过程，他是这样说的：

我今年六十四岁了，整整站了四十七年的柜台。早就有人劝我写一本书，说说我站柜台的经验。起初，我真的不敢动笔，因为肚子里的墨水太少。可是又一想，我站柜台的经验，不是我个人的，是党培养教育的结果，是一种社会财富，我应该把它奉献给党，奉献给祖国的"四化"建设。

也许有人会说，站柜台无非是一买一卖，有什么可学的？又有什么可写的呢？这话可不对。站柜台的学问的确不像"哥德巴赫猜想"那样高深，也不像发射火箭那样动人心魄，但是，我从实践中体会到站柜台也是大有学问哩！

售货员每天要接触来自四面八方的顾客，有男有女，有老有少，各自又有不同的爱好、兴趣和购买动机，要满足他们的不同要求，就得学点心理学；柜台是市场的"窗口"，要做好服务供应工作，满足消费者的需求，还要经常了解生产和消费的情况；掌握商品供求规律，及时组织适销对路的商品，就得学点市场学；售货员向顾客介绍商品，解答顾客的询问，要做到"八知道"，即商品的产地、价格、规格、质量、性能、特点、用途和保管方法，当好顾客的参谋，就得学点商品学；三尺柜台存在着矛盾，要想处理好售货员与顾客、顾客与顾客、供与求等之间的关系，就得学点哲学；至于卖服装、化妆品的售货员以及照相、理发行业的服务员，要想使顾客称心满意，恐怕还得学点美学吧，如此等等。可见，要站好柜台，必须具备多方面的科学知识，并不是一件简单的事。

说到这里，有人会说：你说得太玄乎了吧，站柜台有点高不可攀了。这种认识也不对。常言道："三百六十行，行行出状元。"这就是说，不管干哪一行，只要认真学习，刻苦钻研，终归可以成为某个方面的行家。当然，要求售货员学点心理学、语言学、美学等社会科学知识，不能像专门从事这些学问研究的人员那样去研究它，精通它，而是需要懂得这些方面的一些基础知识，懂得越多，越有利于做好柜台服务工作。

在书中，张秉贵运用了生动的故事、通俗易懂的语言具体详细地介绍了自己是如何使用辩证法，一一解决在售货过程中遇见的各种问题和矛盾的。读者读完之后，会茅塞顿开：原来遇见了这种情况时，我们还可以这样做啊！

书中"接一问二联系三"的售货方式得到了人们的强烈追捧。所谓"接一问二联系三"，其实就是在接待第一位顾客的时候，便问第二位顾客买什么，同时和第三个顾客打好招呼，做好准备。这样一来，售货员虽然要费很多口舌，但由于有了顾客的配合，售货速度可以大大提升，并且还可以使所有的顾客感到安慰，感到自己没有被忽视。

做到了这一点，接待顾客就显得既主动又热情。不过这样的售货方法，听起来不新鲜，做起来却不那么容易，这对售货员的要求是非常高的。

张秉贵总结到：售货员要做到三点，才能更

好地掌握"接一问二联系三"的接待法。

一是耳目灵敏，就是要"眼观六路，耳听八方"。售货时，要经常观察顾客的动态，注意听取顾客的言谈，观察顾客的举止。看到新来的顾客，即使不能马上接待他，也要先打个招呼，这就是常说的"人不到，话先到"。有些顾客想买某种商品，不知道有没有，看到售货员在忙，可能就会向身边的顾客打听，售货员听到后，一定要立即答复。

二是抬头售货，就是称秤、捆扎都不能低头，看到新来的顾客，可以让他按照次序稍等片刻，而且一定要招呼到老弱病残孕和其他有急事的顾客。

三是动作一定要快，拿货快、称货快、包货快、算账快和找钱快缺一不可，特别是在顾客多的时候，"快"字更为重要。这个时候，如果售货员慢慢腾腾，啰啰唆唆，顾客是会产生反感情绪的，因为所有的顾客都是想要能更快买到东西的。

张秉贵强调，站柜台就是要精神集中，心里

想的和手里干的，都要紧张而有秩序。

张秉贵在书中介绍自己柜台服务的经验时非常细致，他觉得只有自己毫无保留地分享，同志们勤勤恳恳地学习，才能够更好地提高服务质量和劳动效率。

张秉贵作为一名普普通通的售货员而去著书立说，这在新中国商业战线上算是开先河的。不仅如此，随着这本书的出版发行，张秉贵又攀登上他人生的又一个新高峰。

有一位四十岁的售货员读完《张秉贵柜台服务艺术》一书后，专门写信向张秉贵表达了自己的感激之情，但同时他又向张秉贵表示了担忧，自己的年龄有些大，害怕自己因为年纪大而学不好，做不好。

张秉贵对此非常理解，给他回信，讲述了自己在近三十七岁时参加王府井百货大楼招工的经历。

在一九五五年，近三十七岁的张秉贵参加了王府井百货大楼的招工考试，考试和体检都很顺利，但一眨眼一个月过去了，直到百货大楼正式开业，张秉贵也没有等到《录用通知书》，那时的他失望极了。

三个月后，意外的欢喜却不期而至，他突然接到了通知，说他正式被百货大楼录用了，让他立刻去报到。入职了百货大楼之后，他才知道迟迟未被录用的真正原因是年龄过大。

原来，百货大楼开业前的招工标准是，招收二十五岁以下的年轻人，而张秉贵那时候已经快三十七岁了，相差甚多。可是百货大楼开业以后，领导们渐渐发现，有丰富柜台经验的售货员数量明显不足，于是，又做出了指示：再招收一些精通服务业务的老柜员，充实骨干力量。

有了这样的契机，张秉贵如愿以偿，在自己三十七岁的时候当上了一名令人羡慕的国营商店的售货员。他的人生轨迹也证明了，只要愿意付出和努力，多动脑筋，事业从中年起步并不算晚。

就这样，张秉贵把这件事情写进回信里，告诉那位售货员："年龄从来都不是问题。"

张秉贵就像一个小小的火种，温暖了周围的

人。他不断地鼓励那些向他学习的同志，告诉他们，学习永无止境，无论处在什么年龄段，只要认真地研究，好好地运用，就一定能逐步摸索出自己的工作艺术，不断提升自己的业务水平。

生活中的他

渐渐地,张秉贵成了一个家喻户晓的名人,几乎人人都认识他。

这时的他已年过花甲,作为全国人大常委会委员,他频繁参加各种社会活动,积极履行职责,行使人民代表的权力。他还坚持不断去各地传经送宝,无私分享自己的经验,为社会培养更多的后起之秀。

据不完全统计,截止到一九八七年,张秉贵曾应邀到全国各地做过一百多场服务经验巡回演讲,听众多达十万人。这期间,他还在北京市百货大楼及重庆、唐山等地收徒十余个,不断地通过讲课、座谈、现场观摩以及通信的方式,向这些朝气蓬勃的青年人传授服务经验，播撒"一团火"精神的火种。

他的徒弟曾在一封信中这样写道："作为一名青年人，即使是壮年或者老年亦是如此，都要有共产主义理想，有不断的追求，才能发挥一个模范人物的作用，主要是进取精神。永远保持这种进取精神，才会立于不败之地。"

无论走到哪里，大家对张秉贵的态度都十分一致，除了尊敬、佩服，就是爱戴、崇拜。张秉贵在北京还发生过几件与人民群众有关的趣事。

一次，张秉贵要去后海给同事送药，正好赶上了晚高峰，公交车上挤满了人。张秉贵上车没多久，被一个小男孩认了出来。他指着张秉贵对自己的妈妈说："妈妈，这是百货大楼卖糖果的爷爷！"

小朋友的这句话一说出来，张秉贵身边的人全都齐刷刷地看向了他。一位坐在座位上的三四十岁的男子突然站起了身，对张秉贵说道："张师傅，您来这边坐。"

张秉贵招了招手，微笑着鞠了一躬："不用

了，谢谢您的好心，我过两站就下了。"

令张秉贵没有想到的是，周围的人竟然都不约而同地邀请张秉贵去自己的位置上坐。

"我们是您的顾客，今天就让我们为您服务一次吧。"人们说道。

张秉贵心里很感动，他没有想到，自己竟然有这么大的影响力。

之后的日子里，总会有人对他特别照顾，就连在澡堂里洗澡，也会有人主动要求为他搓背。人们心中都只有一个想法：这是为人民服务了一辈子的劳动模范，我们也愿意为他服务一次。

一九八六年是张秉贵柜台生涯的第五十个年头。北京市政府经研究决定，由北京市总工会、中共北京市委商贸工作部、北京市人民政府财贸办公室、北京市第一商业局会同北京市百货大楼一起，联合举办"祝贺张秉贵柜台生涯五十年"的纪念活动。

一个小小的售货员竟然有如此大的影响力，这和他对社会的奉献是密不可分的。

参加活动的人来自社会各界，其中不乏名人、

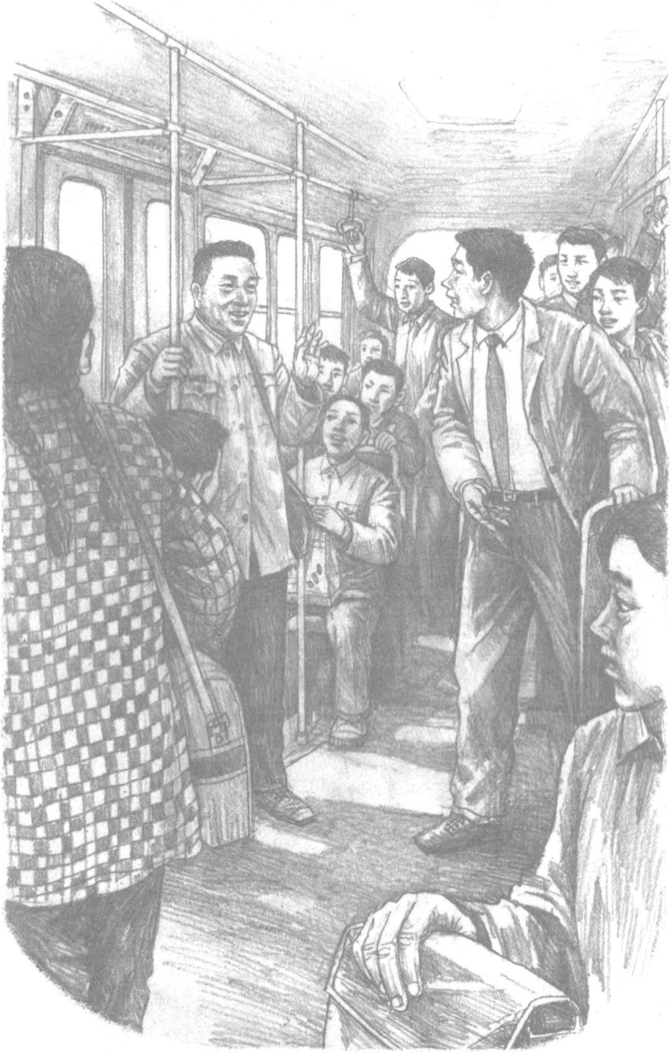

艺术家。人们欢聚一堂,纪念大会自始至终都充满欢声笑语。

纪念大会上有这样一段对张秉贵的概括:

张秉贵从一九三六年十七岁起站柜台,至今已经整整五十年了。他一九五五年十一月二十九日来到百货大楼,在党的关怀、教育和培养下迅速成长起来,在平凡的三尺柜台,他一贯坚持全心全意为人民服务,不断钻研业务技术,做出了突出贡献。二十世纪五十年代,他总结出站好柜台要做到的五点:即精神饱满、思想集中、耳目灵敏、抬头售货、动作"三快"(称秤包装快、算账快、收找款快)。六十年代,他总结出售货的问、拿、称、捆扎、算账、收找款等六个环节,还刻苦练就了称糖"一抓准"、算账"一口清"的售货绝技。七十年代,他总结出做好售货工作必须坚持"五个劲""十个字"和"四个一样"。七十年代末期,他又将自己几十年如一日满腔热情的服务精神,归纳概括为"一团火"精神,并响亮地提出:"胸有一团火,温暖顾客心。"他不愧为商业战线的一面旗帜。

面对这样的评价,张秉贵既激动又谦虚。他首先向各行各业的来宾表达了自己的感恩之情,他对大家说道:"我今年六十七岁了,五十年前的今天开始了柜台生涯。新中国成立后,我来到百货大楼,才真正成了人民的售货员。在百货大楼三十一年的服务工作中,我通过自己的双手,把党的关怀和温暖送到千万顾客的心坎上。如今,党和人民给予我很高的荣誉,这些荣誉应当归功于党,归功于人民!"

对于这一次隆重的纪念活动,《北京日报》还发表了一篇题为《让"一团火"精神发扬光大》的社论。

社论指出:"为一位普通的售货员站了五十年柜台举行隆重的纪念活动,在我们国家没有先例。以往,这种活动只属于大科学家、大艺术家、大文学家。纪念'名家'们的活动是应该的,因为他们的成就对社会产生了巨大的影响,给人们留下了宝贵的财富,然而'名家'之外的突出贡献者同样不应忘记。张秉贵就是一位赢得人民高度赞誉的商业战线的'突出贡献者',张秉贵也是人民承认的'名家'。张秉贵是我国商业职工的杰出人物,他的精神带动鼓舞了五十、六十、七十、八十年代的商业职工,并对其他行业职工产生了积极的影响。张秉贵同志的'一团火'精神,永远是我们宝贵的精神财富。"

一九八七年,张秉贵的食量锐减,日渐消瘦。五月,当所有人还沉浸在劳动节的欢歌笑语中时,张秉贵却静静地躺在了协和医院的手术台上——他被病魔击倒了。

手术过程中,医生看到张秉贵体内的癌细胞已经扩散了,他患病至少已经半年以上。这样折磨人的疾病,使他经历了常人难以忍受的痛苦。

张秉贵身患重病的消息牵动了整个百货大楼员工的心,也牵动了首都人民和全国商业职工的心。他住院期间,探望的人络绎不绝,有党和国家的领导人,也有教授、专家,更多的则是热爱他的顾客。

一位外国友人曾目睹过张秉贵售货,这次又

来看望他。他感慨道:"这种场面,在国外只有名声好的政治家和红得发紫的影视明星才能遇到,而中国的一名普通售货员能享此殊荣,真了不起!"

人们强忍悲痛,到医院来探望躺在病床上的老模范,大家心中五味杂陈,有不舍,有难过,有敬佩,有不解。一封封慰问信也从四面八方寄来,数不清的人,盼望着张师傅能够尽早恢复健康,重新回到大家的身边。

张秉贵的徒弟,河北唐山市百货商场售货员谷晓林,写了一封这样的信:

我第一次见到张秉贵师傅是在一九八四年三月十七日下午,唐山市财贸工会请他来唐山文化宫剧场讲他几十年柜台的宝贵经验。他用哲学、政治经济学和心理学的观点讲述了柜台上如何做到全心全意为人民服务的道理。那天我第一次听到了"一日服务规范化"这个词,他从售货员早晨进柜台做营业准备,到接待顾客的语言、姿势和接待各种类型顾客的方法都做了详细的讲解。

字字句句都体现了他的"一团火"精神。报告作完了，全场掌声雷动，我暗暗赞叹，张秉贵师傅真是个不平常的人。

同年三月十八日，工会主席同志对我说："张秉贵同志接受我市财贸工会的要求，在唐山收几个徒弟，其中有你。"我听了这个消息，真是喜出望外！我从一九七八年刚走进商业大门不久，就学习张秉贵的事迹，我非常崇敬他，现在要拜他为师了，怎么叫我不高兴呢？

拜师会上，张师傅在我们五个徒弟（五朵金花）的师徒合同上分别签了字。签字仪式上，他在我的日记本上写道："希望你在党的关心教育下，勤奋学习科学文化、业务技术知识，掌握业务本领，以自己的优质服务为'两个文明'建设做出新的贡献。"

一九八四年十月，我们几个徒弟来北京向师父汇报工作，他陪我们去丽都饭店参观，路上，对我们说："一个售货员要有多方面的服务技能，才能适应柜台上顾客的需要，平时要学习点各国的语言。日本侵华时期，我是北京德昌厚食品店的售货员，老板让我给日本人送货，商店里也常来日本人买东西，为了应对他们，少找麻烦，我学习了日语，可以跟他们用日语对话。"说着，师父用一口流利的日本话讲起了柜台接待用语，接着师父又说，"现在实行对外开放，各国朋友希望跟我们来往，要接待好他们，窗口服务很重要，你们最好都学点外语。"

拜师以后，我曾三次去北京向师父汇报我在"一团火"精神哺育下成长的情况。每次汇报完，师父对我的点滴进步都非常高兴，并给予热情的鼓励。师父说："一朵鲜花不是春，万紫千红春满园，你应该永远记住这句话。"

一九八六年，我们去北京市百货大楼看望师父，在饭桌上，我对他说"当劳模不容易，整天闲话听不少，我真不想当了。"师父听完后，语重心长地对我说："晓林呀！你这种思想可不对啊！这时候你可不能退下来呀！你退下来不是你个人的事，你会给党抹黑呀！党培养你这么多年容易吗？当劳模是不容易，你要迎着困难上呀！"接着，师父给我们讲述了他在工作中是如何克服困难、闯过难关的,并鼓励我们要继续攀高峰,做贡献。师父的话像一股暖流涌进我的心田,激励我向更高的目标迈进。

一九八六年冬天,我参加了河北省商业厅组织的巡回报告团。快结束时,我给师父写信汇报了这次的活动情况,并给师父邮去了我在沧州铁狮子前照的相片。一九八七年的大年初一,我收到了师父给我的回信。我激动地拆开信,师父亲切的话语,使我久久不能平静,好像师父又来到我的身边。信中有这样一段话:"作为一名青年,即使是壮年、老年也是如此,都要有共产主义思想,有个人的理想,有不断追求的目标,才能发挥一个模范人物的作用,主要是进取精神。永远保持这种进取精神,才会立于不败之地。"师父的教导,又一次给了我做好商业工作的信心和力量。

一九八七年四月二十一日,我作为河北省五一劳动奖章获得者的代表,出席了在北京举行的授奖大会。会后,我们去已经患病的师父家看望他。我问了师父的病情,师父说:"没事,就是吃不下饭去。"我说:"您要好好休养,争取早日恢复健康。"师父说:"我一定尽快治好病,十月份争取去唐山。"我拿出五一劳动奖章给他看,师父非常高兴,他说:"这是你努力的结果。"我说:"这是师父您的培养的结果,是您那'一团火'精神的鼓舞。"

令谷晓林没想到的是,这竟然是她与师父张秉贵最后的诀别……

在张秉贵最后的时间里,他被授予"北京市优秀共产党员"的光荣称号。当百货大楼的领导来到张秉贵的病床前,向他颁发证书时,张秉贵用极其微弱的声音说:"快到国庆节了,我真想再回去站站柜台,为我的顾客再卖几次糖。哪怕再称上一包糖,我心里也高兴啊!"

此时此刻,张秉贵就像快要燃尽的火炬,即使他马上就要熄灭了,也想用自己最后一点儿热量去温暖他人的心。

一九八七年九月十八日晚,一颗平凡而伟大的心脏停止了跳动。北京市百货大楼的特级售货员张秉贵，经医治无效，在北京协和医院溘然长逝，享年六十八岁。

张秉贵去世后并没有为自己的家庭留下什么遗产，只留下了卖糖心得、几张糖纸和自己总结出来的《张秉贵柜台服务艺术》一书。

火种的传递

一支熊熊燃烧的火炬就这样熄灭了,一颗璀璨夺目的明星就这样陨落了,与张秉贵熟识的所有人,无不沉浸在悲痛之中。人们惋惜,这位全国著名的劳动模范、北京市百货大楼特级售货员张秉贵同志与他终身热爱的柜台、终身服务的顾客和终身奉献的事业永别了。

一九八八年九月十七日,张秉贵同志的铜像揭幕仪式在北京市王府井百货大楼的门前隆重地举行。张秉贵铜像由中国军事博物馆承制,由著名的雕塑家程允贤先生亲自设计。

这尊铜像为半身胸像,总高3米,其中基座高1.8米,铜像高1.2米。黑色大理石基座的正面镌刻着老一辈无产阶级革命家陈云同志亲笔题写的镏金大字:"一团火"精神光耀神州;背面则刻着"全国著名劳动模范、商业战线的一面红旗——张秉贵(1918年—1987年)"等字样。

现在你们如果去北京游玩,依旧可以看见屹立在王府井大街百货大楼门口那尊栩栩如生的塑像,和张秉贵那抹"温暖顾客心"的永恒的微笑。

说到"一团火"精神的传承,那就要提到张秉贵的二儿子张朝和。

一九九九年,张朝和接到了去王府井百货大楼糖果组上班的通知。当时张朝和的心里直打鼓,他心想,顾客要是知道自己是张秉贵的儿子,肯定都等着看"一抓准"的绝技呢!可他只是在百货大楼里卖了七年的玩具和书,秤都没摸过。

当时的张朝和心里就只有一个念头:我不能丢父亲的脸。于是,在下班回家的路上,他就专找糖果品种多的大商场。

大家猜猜他去那些大商场里是为了什么呢?

原来,他是为了"取经"。在菜市口一家商场柜台前,他一站就是半个多小时。看得太入神了，值班经理出来问他:"您这是干吗,想买糖吗?""不买。"张朝和这才回过神来,"我是百货大楼的……"当人家知道他是张秉贵的儿子时,马上热情地让他进柜台,还一样一样地告诉他:"水果糖有两克、四克的,奶糖有五克、六克的……"张朝和赶紧往本上记。

他见家门前有个糖果摊,就主动跟人家套近乎。最后人家答应晚上收摊的时候,让他连糖带秤搬回家去练"一抓准"。功夫不负有心人,终于,张朝和练就了父亲的绝技,还获得了"小张秉贵"的称号。

后来,一件小事更让张朝和难忘。一位四十多岁的女顾客好不容易排队排到了柜台前。"小张,我今天不是来买糖的,我就为了看看你——一九七九年,我在这儿买过一次糖,当时,我向你父亲提出让他帮着找个糖盒,柜台里没有,你父亲就跑到库房给我找来一个。那个糖盒并不精致,可我一直保存到今天,还经常跟我孩子念叨这件事,那是你父亲对人民的一片心啊!"

张朝和听了,心中深深地受到了触动。

他曾经在采访中这样说道:"父亲已经去世这么多年了,许许多多的人都没忘记他,而我自己也觉得,父亲仍然在微笑着注视着我们兄弟姐妹,激励着我们努力工作,好好做人。"

像这样传承"一团火"精神的不仅仅有张秉贵的儿子,还有千千万万个柜台前的年轻同志。张秉贵虽然离去了,但是他的精神永存。

张秉贵精神,是热爱服务工作,把站柜台当作崇高的事业,脚踏实地埋头苦干,全心全意地为人民服务。

张秉贵精神,像"一团火"一样,时时刻刻为顾客着想,满腔热忱为顾客服务,千方百计为顾客送温暖。

张秉贵精神,是有高度的事业心和责任感,对工作极其负责,对技术精益求精,永不停步,不断提高服务水平。

张秉贵精神,是不为名,不为利,廉洁奉公,谦虚谨慎,永葆工人阶级的本色。

在今后的岁月里,张秉贵精神也将在各行各业中显露出自己更大的生命力。

张秉贵精神不仅值得北京市从事商业服务的人们学习,而且值得各行各业、各条战线的人们学习。每个人应当有什么样的志向和抱负,有什么样的精神状态,有什么样的工作态度和作风,张秉贵都做了出色的回答,他是我们时代的光辉楷模。建设好新时代中国特色社会主义伟大事业,需要更多中华儿女发扬张秉贵的"一团火"精神。

一支火炬熄灭了,但它的星星之火将点燃更多的火炬;一颗明星陨落了,但它反射出来的光芒将会使更多的明星冉冉升起;一个张秉贵离去了,但我们相信,正有千千万万个张秉贵从四面八方走来。

让我们永远记住这位劳动模范,记住这位平凡而又伟大的售货员,像他一样刻苦勤奋,像他一样爱岗敬业,像他一样怀着满腔热情去做所有的事情,像他一样不求回报地为人民服务。

一个平凡的人能将平凡的事情做好,他便不再平凡了。张秉贵的"一团火"精神将永远光耀神州!